U0635595

国家出版基金项目
NATIONAL PUBLICATION FOUNDATION

淮河生态经济带发展研究丛书

熊文　总主编

淮河生态经济带
总体构想研究

熊文　黄羽　王立　等　编著

长江出版社
CHANGJIANG　PRESS

淮河流域地处我国东中部，介于长江和黄河两流域之间，流域地跨河南、安徽、江苏、山东及湖北 5 省，干流流经河南、安徽、江苏 3 省，分为上游、中游、下游 3 部分，全长 1000 千米。洪河口以上为上游，长 360 千米；洪河口以下至洪泽湖出口中渡为中游，长 490 千米；中渡以下至三江营为下游入江水道，长 150 千米。由于历史上黄河曾夺淮入海，淮河流域以废黄河为界分为淮河和沂沭泗河两大水系，面积分别为 19 万平方千米和 8 万平方千米。淮河流域西部、南部和东北部为山丘区，面积约占流域总面积的 1/3，其余为平原（含湖泊和洼地），是黄淮海平原的重要组成部分。

古老的淮河，发源于桐柏山，沿途纳千河百川，以丰富的支流水系，像一把展开的扇面，铺满中原大地。这里曾流淌着中华民族的古老文明，从新石器时代，到夏商周王朝，再到隋唐，每个重要时期，它都扮演着重要角色；这里曾出现过改天换地的历史人物，大禹治水"三过家门而不入"，刘邦项羽掀楚汉风云，神医华佗悬壶济世，都与它息息相关；这里有丰富的历史文化遗址，有独具特色的山水名胜，更有南北过渡的民俗文化。可以说，充满人文色彩的淮河，堪称是一条非常有故事的河流。

历经百年沧桑，走入近现代，淮河的精彩故事还在续写，人们对它的情感也开始变得复杂而纠结。一方面，人们对它有着"走千走万，不如淮河两岸"的赞美。一组直观的数据是，淮河流域以不足全国 3% 的水资源总量，承载了全国约 13.6% 的人口和 11% 的耕地，贡献了全国 9% 的 GDP，生产了全国六分之一的粮食。另一方面，它也有着中国"最难治理的河流"的名号。深受水患之困，沿线民众苦不堪言，1951年，毛泽东主席提出的"一定要把淮河修好"的号召更让它成为新中国成立后第一条全面系统治理的大河。

2018年10月6日，国务院正式批复《淮河生态经济带发展规划》，标志着淮河生态经济带建设正式上升为国家区域发展战略。与过去几十年治理淮河的思路不同，这次国务院批复的《淮河生态经济带发展规划》呈现出多个"第一"：

第一次从发展的角度来治理淮河，一改过去单纯从防汛角度治理淮河的理念。

第一次从生态保护角度出发进行流域治理，一改过去将发展和生态相对立的做法。

第一次实行五省联动全流域治理，一改过去"各个省份各自干"的模式。

第一次把水利、交通、农业、工业、商贸、旅游、文化等部门集中起来，提出综合性治理方案，一改过去"各个部门各自行"的方式。

《淮河生态经济带发展规划》是第一个从国家层面制定的全流域发展规划，第一次把淮河流域的治理和发展作为一个系统工程，充分体现了统筹协调、全面系统的规划理念。规划实施将充分发挥淮河流域独特的区位优势、天然的资源禀赋，淮河流域生态经济带也将迎来前所未有的发展机遇。立足当前国家淮河生态经济带区域发展重大战略部署推进实施，梳理剖析淮河生态经济带发展建设中的难点、热点问题，系统研究淮河生态经济带发展状况并提出应对措施和建议，为推动淮河生态经济带建设和发展提供决策支撑，具有重要理论价值和现实意义。在多年相关研究基础上，长江出版社组织策划出版《淮河生态经济带发展研究丛书》，丛书分为《淮河生态经济带总体构想研究》《淮河生态经济带发展政策保障研究》《构建淮河生态经济带现代产业体系》《淮河生态经济带现代化进程研究》《淮河生态经济带现代综合交通运输体系建设研究》《淮河生态经济带关键节点开发研究》。

本研究丛书由湖北工业大学长江经济带大保护研究中心主任熊文教授总负责，中南财经政法大学何雄、程广帅，湖北大学李楠，湖北省社会科学院陈思，湖北工业大学黄羽，东华理工大学曹立斌分别负责相关分册编著。丛书从淮河流域发展实际出发，以《淮河生态经济带发展规划》为指导，进行系统研究，力求做到内容全面、重点突出、分析透彻、建议中肯，实现整体研究的系统性、针对性、前瞻性以及可操作性的高度统一，以期对推动淮河流域生态经济带发展助一臂之力。

编者

本书为《淮河生态经济带发展研究丛书》中的第一册，主要对淮河生态经济带发展总体构想进行了总体研究与概述，为丛书其他分册提供充分的背景知识，奠定良好的理论研究基础。从内容设计上来看，分四章详细梳理了淮河流域发展现状、淮河生态经济带建设战略定位、淮河生态经济带建设模式与空间格局，以及淮河生态经济带发展目标和战略重点，开门见山，帮助读者总览淮河流域全貌。

本书由湖北工业大学熊文、黄羽，南水北调中线水源有限责任公司王立编著，曹立斌、李楠、吴比、朱兴琼、梁宝文、王巍、陈羽竹等参与部分编写校稿工作。自 2020 年 6 月启动编纂工作以来，从最初的酝酿、策划、筹备，到多次研究、论证及编撰实施，全体编撰人员开展了大量的资料收集、分析、研究工作，为本书的撰写付出了辛勤的劳动和汗水。在本书编写过程中，多家权威机构的专家教授给予悉心指导和帮助，同时本书还参考和引用了国内外学者的诸多案例和文献资料，并得到了长江出版社高素质编辑出版团队的大力支持与帮助，在此一并致以最衷心的感谢！

由于时间仓促，编者水平有限，书中不足之处，敬请广大同行专家和读者批评指正。

编者

目 录

第一章　淮河流域发展现状

淮河，一条对中国至关重要，对中华文明历史走向影响深远的河流。人们对淮河了解程度却远逊于长江、黄河，不少人提及淮河时，甚至仅仅能够想起它是中学地理课本上与秦岭并列的中国南北方分界线。

淮河，位于中国东部，介于长江与黄河之间，古称淮水，与长江、黄河和济水并称"四渎"，是中国七大江河之一。淮河发源于河南省南阳市桐柏县西部的桐柏山主峰太白顶西北侧河谷，干流流经河南、安徽、江苏3省，分为上游、中游、下游三部分，全长1000km。洪河口以上为上游，长360km，流域面积3.06万km²；洪河口以下至洪泽湖出口中渡为中游，长490km，中渡以上流域面积15.8万km²；中渡以下至三江营为下游入江水道，长150km，三江营以上流域面积为16.51万km²。淮河流域地跨河南、安徽、江苏、山东及湖北5省，由于历史上黄河曾夺淮入海，淮河分为淮河水系及沂沭泗水系，以废黄河为界，废黄河以南为淮河水系，以北为沂沭泗水系。流域面积分别为19万km²和8万km²，有大运河及淮沭新河贯通其间。

一部中华民族的历史，事实上也是淮河的治理史。在古代，淮河水灾可谓是屡治屡泛，给沿线百姓的生活带来了无穷无尽的灾难。一直到了新中国成立后，治理淮水洪害一度仍是头等大事，后几经治理，前后数百万军民参与相关工程，才使得淮河的灾害变得可防可控。

近年以来，淮河的相对安宁，与一条人工入海通道——淮河入海水道的修建密不可分。该河道起于淮河下游洪泽湖东二河闸，贯穿江苏省淮安市的清江浦区、淮安区和盐城市的阜宁、滨海2县，并分别在淮安区境内与京杭大运河、在滨海县境内与通榆河立体交叉，在滨海县扁担港入黄海，全长163.5km，河道宽750m，深约4.5m。淮河入海水道一期工程总投资41.17亿元。

1

1998 年 10 月，试挖段正式破土动工；1999 年 1 月，全面开工建设；2003 年 6 月，主体工程提前建成并发挥效益；2006 年 10 月，工程全面竣工并通过验收。竣工后的淮河入海水道一期工程，使洪泽湖防洪标准从 50 年一遇提高到 100 年一遇，结束了淮河 800 多年无独立排水入海通道的历史，淮河流域"蓄泄兼筹"的防洪体系初步形成。2022 年 7 月 30 日，淮河入海水道二期工程开工建设，计划工期 8 年。工程建成后，将扩大淮河下游洪水出路，打通淮河流域泄洪通道，减轻淮河干流防洪除涝压力。

第一节　自然条件

淮河流域地处我国东部，位于东经 111° 55′ ~ 121° 20′ 和北纬 30° 55′ ~ 36° 20′，西起桐柏山、伏牛山，东临黄海，南以大别山、江淮丘陵、通扬运河及如泰运河南堤与长江流域分界，北以黄河南堤和沂蒙山脉与黄河流域毗邻。流域跨豫、鄂、皖、苏、鲁 5 省，流域面积为 27 万 km²，人口 1.64 亿人，耕地约 2.21 亿亩（1 亩 =0.067 公顷）。

一、全流域整体自然条件

（一）自然地理

淮河流域地形总体为由西北向东南倾斜，淮南山丘区、沂沭泗山丘区分别向北和向南倾斜。流域西、南、东北部为山丘区，面积约占流域总面积的 1/3；其余为平原（含湖泊和洼地），面积约占流域总面积的 2/3。

在空间分布上，东北部为鲁中南断块山地，中部为黄淮冲积、湖积、海积平原，西部和南部是山地和丘陵，平原与山地丘陵之间以洪积平原、冲洪积平原和冲积扇过渡。此外，还有零星的喀斯特侵蚀地貌和火山熔岩地貌。地貌形态上分为山地（中山、低山）、丘陵、岗地（台地）和平原（湖泊、洼地）4 种类型。这 4 种地貌类型的面积占流域面积的比例分别为 9.7%、6.5%、17.2% 和 66.6%。其中：淮河水系的山区面积占 17.0%，丘陵占 17.5%，平原面积占 58.4%，湖洼面积占 7.1%；沂沭泗水系山丘区面积占 31.0%，平原面积占 67.0%，湖泊面积占 2.0%。流域西部的伏牛山区和淮河干流上游桐柏山区高程一般为 200 ～ 300m，太白顶牌坊洞是淮河发源地，海拔 1141m，沙颍河上游的石人山海拔 2153m，为全流域的最高峰；南部大别山区高程为 300 ～ 500m，淠河上游白马尖 1774m，是大别山区的最高峰；东北部沂蒙山区高程为 200 ～ 500m，龟蒙顶是沂蒙山区的最高峰，海拔 1155m。丘陵区主要分布在山区的延伸部分，西部高程一般为 100 ～ 200m，南部高程为 50 ～ 100m，东北部高程一般在 100m 左右。淮河干流以北为广大冲、洪积平原，地面自西北向东南倾斜，高程一般为 15 ～ 50m；淮河下游苏北平原高程为 2 ～ 10m；南四湖湖西为黄泛平原，高程为 30 ～ 50m。

　　淮河流域西部伏牛山区主要为棕壤（质地黏重，结合度适中）和褐土（成土母质为各类岩石风化物、洪积冲积物及人工堆垫物）；丘陵区主要为褐土（包括立黄土、油黄土等），土层深厚，质地疏松，易受侵蚀冲刷。淮南山区主要为黄棕壤（黄棕壤是黄红壤与棕壤之间过渡性土类），其次为棕壤和水稻土；丘陵区主要为水稻土，其次为黄棕壤。沂蒙山丘区多为粗骨性褐土（成土母质为硅质岩类和钙质岩类，土层极薄）和粗骨性棕壤，系由岩石的风化残积物和坡积物发育而成，土层浅薄，质地疏松，多夹砾石，蓄水保肥能力很差，水土流失严重。淮北平原北部主要为黄潮土，系由河流沉积物和近代黄泛沉积物发育而成，除少数黏质和壤质土壤外，多数质地疏松，肥力较差，并在其间零星分布着小面积的盐化潮土和盐碱土。淮北平原中部和南部主要为砂姜黑土，其次为黄潮土和棕潮土等。砂姜黑土是淮河流域平原地区分布较广的一种颜色较黑的半水成土，也是一种古老的耕种土壤，以安徽淮北平原分布的面积为最大。砂姜的形成受地下水位和水质（富含重碳酸钙）的影响，不过面砂姜的形成还与土体中碳酸钙的淋溶淀积有密切关系，砂姜黑土的质地比较黏，没有明显的沉积层理。淮河下游平原水网区为水稻土，系由第四纪湖相沉积层组成，土壤肥沃。苏鲁两省滨海平原新垦地多为滨海盐土，含盐量较高，它的最大特点，一是土壤和地下水的盐分组成与海水一致，都是以氯化钠为主，因此又称为氯化物盐土；二是含盐量除表土稍多外，以下土层都比较均匀。这两点是它区别于其他盐土最主要的地方。

　　淮河流域自然植被分布具有明显的地带性特点。伏牛山区及偏北的泰沂山区主要为落叶阔叶、针叶混交林；中部的低山丘陵一般为落叶阔叶、常绿阔叶混交林；南部大别山区主要为常绿阔叶、落叶阔叶、针叶混交林，并夹有竹林，山区腹部有部分原始森林。平原区除苹果、梨、桃等果树林外，主要为刺槐、泡桐、白杨等零星树林；滨湖沼泽地有芦苇、蒲草等。栽培植物的地带性更为明显，淮南及下游平原水网区以稻、麦、油菜为主，淮北以旱作物为主，有小麦、玉米、棉花、大豆和红薯等。

淮河流域地下水可分为平原区土壤孔隙水、山丘区基岩断裂构造裂隙水和灰岩裂隙溶洞水3种类型。平原区浅层地下水是淮河流域地下水资源的主体。流域西部为古淮水系堆积区，厚度为10~60m，地下水埋深一般为2~6m；东部历史上受黄泛影响，为黄河冲积平原的一部分，砂层厚度一般为10~35m，自西向东渐减，地下水埋深为1~5m。苏北淮安、兴化一带冲积湖积平原区，大部分为淤泥质、砂质黏土，间有沙土地层，地下水埋深一般为1~2m。苏鲁滨海平原地区在沿海5~22km范围内属海相沉积区，岩性为亚砂土，地下水埋深为1~2m，为氯化钠微咸水或咸水。基岩断裂构造裂隙水主要分布于桐柏山、伏牛山和大别山区，另外，在鲁东南山丘区有变质岩风化裂隙，但裂隙水弱，连通性差。裂隙溶洞水主要分布在豫西、鲁东南灰岩溶洞山丘区，在条件适宜的情况下，可以富集有价值的水源。

（二）气象水文

1. 气候

淮河流域地处我国南北方气候过渡带。淮河以北属暖温带半湿润季风气候区，淮河以南属亚热带湿润季风气候区，流域内自北往南形成了暖温带向亚热带过渡的气候类型，冷暖气团活动频繁，降水量变化大。

流域年平均气温14.5℃，极端最高气温44.5℃（1966年6月20日河南汝州），极端最低气温−24.3℃（1969年2月6日安徽固镇）。

流域年平均相对湿度66%~81%，南高北低，东高西低。

流域内无霜期200~240d。日照时数为1990~2650h。

2. 降水和径流

淮河流域多年平均降水量为875mm，其中淮河水系为911mm，沂沭泗水系为 788mm。降水量在地区分布上不均匀,总体上是南部大于北部,山区大于平原,沿海大于内陆。南部大别山区的年平均降水量达 1400 ~ 1500mm,北边黄河沿岸仅为 600 ~ 700mm。降水量的年际变化大,1954 年全流域平均年降水量为 1185mm,1966 年仅为 578mm。降水量年内分布不均匀,淮河上游和淮南山区雨季集中在 5—9 月,其他地区集中在 6—9 月。汛期(6—9 月)降水量占全年降水量的 50% ~ 75%。

淮河流域多年平均径流深约为 221mm,其中淮河水系为 238mm,沂沭泗水系为 181mm。径流地区分布不均匀,大别山区的年径流深可达 1100mm,淮北北部、南四湖湖西地区则不到 100mm;径流年际变化大,各站最大与最小年径流的比值一般为 5 ~ 30,北部大,南部小;径流年内分配不均,汛期实测径流量淮河干流占全年径流量的 60% 左右,沂沭泗水系约占全年径流量的 70% ~ 80%。

3. 蒸发

淮河流域多年平均水面蒸发量为 1060mm,黄河沿岸和沂蒙山南坡水面蒸发量达 1100 ~ 1200mm,大别山、桐柏山区为 800 ~ 900mm。水面蒸发量主要集中在 5—8 月,连续 4 个月最大蒸发量一般占年总量的 50% 左右,最大月蒸发量通常出现在 7、8 月份,最小月蒸发量多出现在 1 月。流域多年平均陆面蒸发量为 640mm,总趋势是南大北小、东大西小,变化范围为 500 ~ 800mm。

4. 暴雨与洪水

淮河流域暴雨多集中在 6—9 月,其中 6 月份暴雨主要在淮南山区,7 月份全流域出现暴雨的概率大体相等,8 月份西部伏牛山区、东北部沂蒙山区和东部沿海地区暴雨相对增多,9 月份流域各地暴雨减少。

产生淮河流域暴雨的天气系统,主要有江淮气旋、切变线、低涡、低空急流、台风及其多种组合,同一场暴雨可能受多个天气系统的共同影响。6、7 月份发生的江淮梅雨,就是在副热带高压稳定维持的气候背景下,由切变线、低涡、低空急流等系统共同影响造成,其特点是降雨量大、范围广、持续时间长,常导致流域性洪水。8 月份出现的暴雨,常常是受到台风系统的影响,雨区多在流域南部和东部沿海,其特点是降雨强度大、历时短、范围相对较小,易发生区域性洪水。

淮河流域洪水大致可分3类。第一类是由连续1个月左右的大面积暴雨形成的流域性洪水，量大而集中，对中下游威胁最大。如淮河1931、1954、2003、2007年洪水和沂沭泗河1957年洪水。1954年淮河干流正阳关最大30d洪量为330亿 m^3，接近多年平均值的4倍。第二类是由连续2个月以上的长历时降水形成的洪水，整个汛期洪水总量很大但不集中，对淮河干流的影响不如前者严重。如1921、1991年洪水。1921年洪泽湖中渡最大30d洪量为336亿 m^3，仅为1954年最大30d洪量的65.5%，但最大120d洪量为826亿 m^3，是1954年最大120d洪量的125%。第三类是由一两次大暴雨形成的局部地区洪水，洪水在暴雨中心地区很突出，但全流域洪水总量不算很大。如1968年淮河上游洪水，1975年洪汝河、沙颍河洪水及1974年沂沭河洪水。1975年8月，受3号台风影响，洪汝河、沙颍河上游发生特大暴雨洪水，暴雨中心林庄站最大6h降雨量达830.1mm。

淮河干流的洪水特性是洪水持续时间长、水量大。正阳关以下一次洪水历时一般为1个月左右。每当汛期大暴雨时，淮河上游及支流洪水汹涌而下，洪峰很快到达王家坝，由于洪河口至正阳关河道弯曲、平缓、泄洪能力小，加上山丘区支流相继汇入，河道水位迅速抬高，洪水经两岸行蓄洪区调蓄后至正阳关洪峰既高且胖。支流洪水分两种情况：山丘区河道径流系数大，汇流快，在河槽不能容纳时就泛滥成灾；平原河道汇流时间长，加上地面坡降平缓，河道标准低，受干流洪水顶托，常造成严重的洪涝灾害。

沂沭泗水系的洪水特性是来势凶猛、峰高量大、上游洪水陡涨陡落，南四湖湖西等平原地区河流洪水变化平缓。

5. 干旱

淮河流域干旱的主要气象原因有三种。一是当年大气环流异常。汛前期，西风带冷空气较强；汛中后期，欧亚环流以纬向环流为主，冷空气偏弱，冷暖空气在淮河流域交汇的机会少。二是东亚季风异常。西南季风开始偏弱，水汽输送位置偏南，汛后期季风爆发性增强，暖湿气流穿过淮河流域，被输送到华北到东北地区。三是赤道辐合带异常。汛后期，热带风暴异常活跃，辐合带位置偏北，对副热带高压北抬起到顶托作用。四是赤道太平洋海温异常。研究表明，典型旱年赤道太平洋海温从春季到夏季处于厄尔尼诺衰减阶段或是拉尼娜衰减阶段。

从淮河流域干旱的时空分布特征分析，干旱主要有以下 4 种类型。第一类是典型大旱年。汛期降水偏少，出现"空梅"或"少梅"，如 1978、1988、2001 年等，年内冬春季或秋季也出现旱情，导致连旱发生，汛期湖泊、水库蓄水不足，冬秋季河道干涸，水资源短缺严重。第二类是连年干旱。流域性大旱连旱现象也较突出，如 1959—1962 年，1986—1989 年，1999—2001 年等。这种连旱情况不同于典型大旱年，各年降水都偏少，其中有一年干旱特别严重，导致连续 3 ~ 4 年出现旱灾。第三类是连季干旱。这种干旱往往是典型大旱年的前奏，由于季风的影响，秋、冬季节降水少，容易出现季节性干旱，如果春季降水持续偏少，则导致连季干旱，如 2008 年 11 月—2009 年 2 月流域北部的大旱。第四类是区域性大旱。这种类型干旱出现较多，全流域均可发生，流域的北部，特别是河南的开封、周口地区，安徽的亳州地区，山东的菏泽地区，是区域性干旱的高发地区。如 2002 年南四湖流域发生特大干旱，汛期降水比常年偏少近 6 成，全年降水偏少 4 成，导致南四湖几近干涸，出现了严重的水生态危机，不得不进行应急生态补水。

（三）河流水系

淮河流域以废黄河为界，分淮河和沂沭泗河两大水系，流域面积分别约为 19 万 km^2 和 8 万 km^2，京杭大运河、分淮入沂水道和徐洪河贯通其间，沟通两大水系。

1. 淮河水系

淮河发源于河南省桐柏山，主流在三江营入长江，全长 1000km，总落差 200m。

淮河干流洪河口以上为上游，长 360km，地面落差 178m，流域面积 3.06 万 km^2。淮凤集以上河床宽深，两岸地势较高。干流堤防自淮凤集开始。

洪河口至中渡为中游，长 490km，落差 16m，中渡以上流域面积 15.82 万 km^2。淮河中游按地形和河道特性又分为正阳关以上和以下两个河段。洪河口至正阳关河段，长 155km，正阳关以上流域面积 8.86 万 km^2，占中渡以上流域面积的 56%，而洪水来量却占中渡以上洪水总量的 60% ~ 80%，几乎包括了淮河水系的所有山区来水，是淮河上中游洪水的汇集区；正阳关至中渡长335km，流域面积6.96万km²。正阳关以上沿淮地形呈两岗夹一洼的特征，淮河蜿蜒其间，正阳关以下南岸为丘陵岗地，筑有淮南、蚌埠城市及矿区防洪圈堤；北岸为广阔的淮北平原，淮北大堤为其重要的防洪屏障。淮北大堤由颍泗、泗涡、涡东3个堤圈组成，全长641km。中游建有濛洼等4处蓄洪区、南润段等17处行洪区及洪泽湖周边滞洪区。

中渡以下至三江营为下游入江水道，长150km，地面落差约6m，三江营以上流域面积为16.51万km²。洪泽湖的排水出路除入江水道外，还有入海水道、苏北灌溉总渠和分淮入沂水道。

淮河上中游支流众多。南岸支流多发源于大别山区及江淮丘陵区，源短流急，流域面积在2000km²以上的有浉河、竹竿河、潢河、白露河、史灌河、淠河、东淝河、池河。北岸支流主要有洪汝河、沙颍河、西淝河、涡河、奎濉河，其中除洪汝河、沙颍河、奎濉河上游有部分山丘区以外，其余都是平原排水河道。沙颍河流域面积约4万km²，为淮河流域最大支流，其他为0.3万～1.6万km²。在淮北平原还开辟有茨淮新河、怀洪新河和新汴河等大型人工河道。

淮河下游里运河以东，有射阳港、黄沙港、新洋港、斗龙港等独流入海河道，承泄里下河及滨海地区的来水，流域面积为2.24万km²。

（1）淮南支流

淮河干流南岸主要支流有浉河、竹竿河、潢河、白露河、史灌河。

浉河，原名浉子河，又名浉水、浉口水，源出湖北省广水市应山县黄土山，经平靖关、谭家河，自西向东穿信阳市境，经五里店、邱湾西入淮河，河长147km，流域面积2012km²。

竹竿河，一名定北海，即《水经注》之谷水，发源于湖北省大悟县，经河南省信阳市的光山、罗山、息县庞湾村入淮河，河长131km，流域面积2587km²。

潢河，《水经注》谓之黄水，发源于河南省信阳市新县的万子山，经新县、光山、潢川三县至新台入淮河，河长163km，流域面积2400km²。

白露河，又名淠水，发源于河南省信阳市新县小界岭，经新县、商城、光山、潢川、固始、淮滨至谷堆吴寨入淮河，河长 148km，流域面积 2211km²。

史灌河，又名史河、决水，发源于安徽省金寨县牛山，至河南省信阳市固始县三河尖入淮河，河长 250km，流域面积 6816km²。

（2）洪汝河

洪汝河为淮河上游左岸一支较大独立水系，发源于河南省驻马店市西部伏牛山余脉，在新蔡县班台汇合口以上分为两支，左支洪河，右支汝河；班台汇合口以下称大洪河，大洪河从新蔡县黑龙潭附近出境，沿豫皖边界东南流，至淮滨县洪河口入淮河。洪河口以上流域面积 1.23 万 km²。主要支流有洪河、汝河、臻头河、北汝河。

洪河，发源于平顶山舞钢市与泌阳县交界处的龙头山，流经驻马店市的西平县、上蔡县、平舆县，至新蔡县班台与汝河汇合，河长 251.5km，流域面积 4287km²。

汝河，发源于驻马店市泌阳县西北部五峰山，干流流经驻马店市的泌阳、遂平、上蔡、汝南、平舆、新蔡 6 县，至新蔡县班台与洪河汇合，河长 222.5km，流域面积 7376km²。

臻头河，为汝河第一大支流，源于薄山水库上游确山县鸡冠山，在汝南县入宿鸭湖水库，为山丘区河道，河长 121km，流域面积 1840km²。

北汝河，是汝河第二大支流，主干分两支：北支发源于西平县杨庄；南支发源于遂平县西的嵯峨山。两支在上蔡县汇合，流经汝南县，在沙口汇入汝河，河长 59.6km，流域面积 1273km²。

（3）沙颍河

沙颍河是淮河最大支流，干流在河南省境内称沙河，入安徽省境内称颍河，发源于河南省鲁山县伏牛山东麓，经平顶山市、漯河市、周口市在安徽省阜阳市颍上县正阳关入淮河。干流长 613km，流域面积 3.67 万 km²，其中河南省境内干流河长 418km，流域面积 3.28 万 km²。主要支流有沙河、颍河、北汝河、澧河、贾鲁河、汾河。

沙河，发源于平顶山市鲁山县伏牛山东麓，流经平顶山市区、平顶山市宝丰县、平顶山市叶县、许昌市襄城县、漯河市舞阳县、漯河市郾城县、漯河市源汇县、漯河市召陵区、周口市西华县、周口市商水县至周口市城区西与颍河交汇，河长322km，流域面积1.26万km²。

颍河，为沙颍河左岸支流，发源于登封市少室山，流经郑州市登封市、许昌市禹州市、许昌市襄城县、许昌市城区、漯河市临颍县、漯河市郾城区、周口市西华县，至周口市城区西北孙嘴汇入沙河，河长264km，流域面积7223km²。

北汝河，为沙颍河左岸支流，发源于洛阳市嵩县龙池曼跑马岭，流经洛阳市嵩县、洛阳市汝阳县、平顶山市汝州市、平顶山市郏县、平顶山市宝丰县、许昌市襄城县，于漯河市舞阳县岔河口入沙河，河长275km，流域面积5660km²。

澧河，为沙颍河右岸支流，发源于南阳市方城县四里店以北栗树沟，流经南阳市方城县、平顶山市叶县、漯河市舞阳县、漯河市区，在漯河市区丁湾注入沙河，河长160km，流域面积2508km²。

贾鲁河，为沙颍河左岸支流，发源于郑州市新密市圣水峪，流经郑州市新密市、郑州市区、郑州市中牟县、开封市尉氏县、许昌市鄢陵县、周口市扶沟县、周口市西华县，于周口市区汇入沙河，河长264km，流域面积6137km²。

汾河，又名汾泉河，为沙颍河右岸支流，发源于河南省漯河市召陵区柳庄，流经漯河市召陵区、周口市商水县、周口市项城市、周口市沈丘县，至安徽省阜阳市临泉县入安徽省境，于安徽省阜阳市三里湾汇入沙颍河，河长223km，流域面积5201km²，其中河南省境内河长158km，流域面积3362km²。

（4）豫东平原河道

涡河，是豫东平原地区主要水系，为淮河第二大支流，发源于河南省开封市祥符区西姜砦乡郭厂，流经开封市通许县、开封市杞县、周口市扶沟县、周口市太康县、周口市柘城县、至周口市鹿邑县太清宫镇蒋营村入安徽境内，于蚌埠市怀远县入淮河，河南省内干流河长179km，流域面积为4320km²。

惠济河，是涡河左岸最大支流，发源于开封市西北黄河堤脚，发端部分称黄汴河，至开封市区东南城脚的济梁闸后，始称惠济河。流经开封市城区、开封市杞县、商丘市睢县、商丘市柘城县、周口市鹿邑县，至安徽省亳州市大刘庄村入涡河，河南省内干流河长 166km，流域面积为 4130km²。

黄河故道，又名废黄河，是历史上黄河长期夺淮入海留下的黄泛故道，西起河南省开封市兰考县三义寨东坝头，向东沿商丘市民权县、商丘市宁陵县、商丘市城区、商丘市虞城县入安徽、江苏省境内，于江苏盐城市滨海县大淤尖入黄海，河南省境内河长 136km，流域面积 1520km²。

2. 沂沭泗水系

沂沭泗水系是淮河流域内一个相对独立的流域，系沂、沭、泗 3 条水系的总称，位于淮河流域东北部，北起沂蒙山，东临黄海，西至黄河右堤，南以废黄河与淮河水系为界。流域面积 7.96 万 km²，占淮河流域面积的 29%，包括苏、鲁、豫、皖 4 省的 15 个地级市，79 个县（市、区），人口 5128 万人，耕地 5706 万亩。

沂沭泗流域东北部为山区，是沂沭泗河的发源地。沂河上游最高峰龟蒙顶海拔高程 1156m；西北部是南四湖及湖西黄泛平原，西高东低；东南部是中运河两岸及新沂河南北的苏北平原区，大部分地势平坦。流域内山丘区面积占 31%，平原区面积占 67%，湖泊面积占 2%。

沂沭泗流域属暖温带半湿润季风气候区，具有大陆性气候特征。春旱多风，夏热多雨，秋旱少雨，冬寒干燥，四季分明，春、秋季节短，冬、夏历时长，冷暖和旱涝较为突出。气候特征介于黄淮之间，而较接近于黄河流域。年平均气温 13℃～16℃，由北向南，由沿海向内陆递增，年内最高气温达43.39℃，最低气温为 -23.3℃。沂沭泗流域多年平均降水量为 830mm，年内分布不均，主要集中在汛期，多年平均为 592mm，占全年的 71.3%；降水量年际变化较大，最大年为 1248mm，最小年为 523mm。从新中国成立以来看，50、60 年代丰水年较多，降水量普遍较大，80、90 年代枯水年较多，降水量偏小。

沂沭泗水系可分为南四湖水系、中运河水系、沂河水系和沭河水系。

（1）南四湖水系

现状流域范围主要是山东蒙山西麓和湖西平原，韩庄以上流域面积 3.17万 km²。南四湖南北长 125km，东西宽 6～25km，湖面 1265km²。20 世纪50 年代末，在昭阳湖南部湖腰处建二级坝，分南四湖为上下二级湖，上级湖蓄水位 34.2m（废黄河高程）时相应湖面积 601km²，蓄水量 9.2 亿 m³；下级湖蓄水位 32.5m 时相应湖面积 664km²，蓄水量 7.8 亿 m³。

（2）中运河水系

韩庄运河至台儿庄合伊家河后即为中运河。中运河自台儿庄到骆马湖，全长 61km，其中山东境内长 6km，江苏境内长 55km。中运河除承泄韩庄运河来水外，还承担邳苍地区 7200km² 排水任务。主要支流左岸有陶沟河、邳苍分洪道、城河、官湖河，右岸有不牢河、房亭河、民便河等。1958 年修建邳苍分洪道，主要是为分泄沂河洪水入中运河。邳苍分洪道起自沂河江风口闸，向西南流经山东省临沂市兰陵县，在古宅涵洞进入江苏省邳州，至柳林庄入中运河，全长 74km，流域面积 2357km²。

（3）沂河水系

沂河源于山东省淄博市沂源县鲁山，向南流经临沂市沂水县、临沂市沂南县、临沂市区、临沂市郯城县，于江苏省邳州市齐村入江苏境内，在新沂苗圩入骆马湖，全长 333km，骆马湖以上沂河流域面积 1.18 万 km²。沂河入邳州后，南流至华沂，东岸有白马河汇入。华沂以下分为两支：西支为老沂河，不再分泄洪水；东支为 1949 年人工开挖的新沂河，穿陇海铁路南下，于苗圩附近入骆马湖，后改称沂河。

骆马湖于 1949 年导沂工程中被确定为临时蓄洪水库。20 世纪 50 年代初建成的骆马湖南堤、皂河闸及杨河滩闸，通称"一线控制"。1958 年 6 月建成的宿迁闸及六塘河闸，筑二线大堤，形成宿迁大控制，通称"二线控制"。自此骆马湖形成常年防洪蓄水水库，湖底一般高程 19m，正常蓄水位 23m，一线控制水面积 375km²，库容 9 亿 m³。

骆马湖上承沂河及中运河来水，流域面积 5.2 万 km²。骆马湖洪水出路主要是通过嶂山闸泄洪入新沂河。新沂河是新中国成立初期人工开挖的主要排洪通道，自嶂山闸向东至燕尾港入海，全长 146km，承担的流域汇水面积近 6 万 km²，含区间汇水约 7000km²。

（4）沭河水系

沭河古称沭水，发源于山东省沂山南麓，平行于沂河南流。1949 年，导沭整沂、导沂整沭工程开工后，在山东省临沭县大官庄北向东开挖一条入海河道。由此沭河分为 3 部分：大官庄以上仍称沭河；大官庄以下分为两支，东支称新沭河，经石梁河水库东流出海；南支称总沭河（又称老沭河），南流经新沂口头村入新沂河。

沭河过山东省郯城，于红花埠流入江苏，纵贯新沂，于口头村汇入新沂河。沭河自源头至口头全长 300km，流域面积 6400km²。新沭河是新中国成立初期在原沙河的基础上开挖的漫滩行洪入海河道。起自山东省大官庄，入石梁河水库，再向东经临洪河至临洪口入海，全长 80km。

3. 独流入海水系

独流入海河流主要有灌河、古泊善后河、傅疃河、绣针河等，流域面积约 1.5 万 km²。

4. 湖泊水库

淮河流域湖泊众多，水面面积约 1 万 km²，占流域总面积的 3.7%，总蓄水能力 280 亿 m³，其中兴利库容 66 亿 m³。较大的湖泊，淮河水系有城西湖、城东湖、瓦埠湖、洪泽湖、高邮湖等，沂沭泗水系有南四湖、骆马湖。

流域中最大湖泊为洪泽湖，一般湖底高程 10.5m，最低为 10m，正常蓄水位 12.5m，蓄水面积 1576km²，相应库容 22.3 亿 m³。设计洪水位 16m，总库容 135 亿 m³。洪泽湖承泄淮河上中游 16 万 km² 面积来水，主要入湖河流为淮河、怀洪新河、新濉河、新汴河和池河等，这些河流大多分布于湖的西部。洪泽湖洪水通过入江水道、苏北灌溉总渠和入海水道入江和入海。洪泽湖是调节淮河洪水，提供农田灌溉、航运、工业和生活用水，并结合发电、水产养殖等的综合利用大型平原水库，同时，洪泽湖在南水北调工程及跨流域调度水源中起重要调节作用。

城东湖、城西湖、瓦埠湖位于淮河中游，是淮河滞洪区，正常蓄水位时相应水面面积约 610km²，相应库容为 10.8 亿 m³，防洪库容约为 12 亿 m³，对于有效地削减淮河洪峰，保障淮北大堤、京沪铁路及沿淮城镇安全起重要作用。

南四湖地处江苏与山东两省交界地区，由南阳、独山、昭阳、微山 4 湖相连而得名。南四湖为浅水型平原湖泊，湖盆浅平，北高南低，南北狭长，由西北向东南延伸。1958 年，南四湖湖腰建成二级坝枢纽工程，将南四湖分为上下两级。上级湖包括南阳湖、独山湖及部分昭阳湖，下级湖包括微山湖及部分昭阳湖。南四湖汇集鲁、苏、豫、皖 4 省来水，韩庄节制闸以上集水面积约 3 万 km^2。韩庄闸、新河头闸、蔺家坝闸为南四湖泄水闸，分别经韩庄运河、伊家河、不牢河入中运河后汇入骆马湖。南四湖设计洪水位相应总库容约 50 亿 m^3。南四湖具有蓄洪、灌溉、城市供水、水产养殖、航运及旅游等多种功能。

骆马湖汇集中运河及沂河来水，集水面积 4.4 万 km^2。正常蓄水位 23m 时，水面面积 375km^2，库容 9.01 亿 m^3，非常洪水蓄水总库容 16 亿 m^3。嶂山闸、皂河闸和六塘河闸为骆马湖泄水闸，分别泄入新沂河和大运河。

淮河流域已建成大中小型水库 5741 座（其中大型 36 座、中型 159 座、小型 5546 座），总库容为 303.09 亿 m^3，兴利库容 150.19 亿 m^3，是淮河流域主要供水工程。

二、沿淮各省及其沿淮区域自然条件

（一）河南省及其沿淮区域自然条件

河南省地处华北平原南部的黄河中下游地区，东临山东、安徽，西接陕西，南连湖北，北界河北、山西，总面积为 16.7 万 km^2，占全国总面积的 1.73%。河南省地势走向为西高东低，位于北、西、南的太行山、伏牛山、桐柏山和大别山沿省界呈半环形分布，中、东部为黄淮海冲积平原，西南部为南阳盆地。境内有平原、丘陵、山地、盆地 4 种地形分布，且盆地主要分布在西南部，平原盆地、山地丘陵分别占总面积的 55.7%、44.3%。灵宝市境内的老鸦岔为全省最高峰，海拔 2413.8m；固始县淮河出省处为全省最低处，海拔仅 23.2m。

河南地域广阔、地理位置特殊，地形复杂，南北气候交错，形成南北区域兼容并存的植物种类和植被。河南植被分为 6 个植被型、18 个群系纲、24 个群系亚纲、154 个群系，栽培植被分为 3 个植被型、7 个群系纲、36 个群系。河南植被包含 15 种地理成分，组成植被的区系地理成分复杂、多种多样，以温带成分为主。河南植被与华中、西南、华东紧密联系，其次是东北与西北，与华南联系最弱，显示多方植物混杂的特点。河南植被以栓皮栎、麻栎、槲树、白桦、坚桦、鹅耳杨、千金榆、山杨、五角枫、油松、白皮松、侧柏、柳杉、黄山松等为建群种，落叶阔叶和常绿针叶林占有一定地位，与华北植被相似。根据组成河南森林植被 50 种建群种和优势种在各区分布的统计，华北 31 种、华中 31 种、西南 26 种、华东 24 种、东北 17 种、西北 16 种、华南 10 种，分别占植被建群种和优势种的 62%、62%、52%、48%、34%、32% 和 20%。分布于华东、华南的黄山松、冬青，分布于华东、华中、西南、华南的杉木、马尾松、青冈栎、白栎、枫香、江南桤木，分布于华东、华中、西南的香果树，分布于华中的湖北枫杨等，是构成大别山、桐柏山、伏牛山南部的常绿针叶林、落叶阔叶林以及常绿、落叶阔叶混交林的建群种或优势种；分布于西南的华山松、太白冷杉、太白杜鹃等，是伏牛山海拔 1900m 以上常绿针叶林及山顶常绿阔叶矮曲林的建群种和优势种；分布于东北和华北的水曲柳、辽东栎等，是太行山和伏牛山海拔 1500m 以上落叶阔叶林的优势种。

河南是我国唯一地跨长江、淮河、黄河、海河 4 大流域的省份，省内河流大多发源于西部、西北部和东南部山区。流域面积 50km² 及以上的河道共 1030 条，其中海河流域 108 条，黄河流域 213 条，淮河流域 527 条，长江流域 182 条。流域面积 100km² 及以上河流 560 条。流域面积 1000km² 及以上河流 64 条。流域面积 1 万 km² 及以上河流 11 条。海河流域 1.53 万 km²，占全省总面积的 9.1%；黄河流域 3.62 万 km²，占全省总面积的 21.7%；淮河流域 8.83 万 km²，占全省总面积的 52.9%；长江流域 2.72 万 km²，占全省总面积的 16.3%。这些河道大体上分为山区河道和平原区河道两种类型。前者发源于山区，从山区流经平原，泄量上大下小；后者位于平原，流程长，泄量小，加上防洪标准低，一遇暴雨洪水，极易造成洪涝灾害。除黄河干流及沁河外，河南省主要防洪河道有淮河干流、洪汝河、沙颍河、卫河、伊洛河、唐白河、涡河和惠济河等。河南省境内建有南湾、石山口、五岳、泼河、鲇鱼山、薄山、宿鸭湖、板桥、石漫滩、昭平台、白龟山、燕山、白沙、孤石滩大型水库 14 座，老王坡、杨庄、泥河洼、蛟停湖蓄滞洪区 4 个。淮河干流出山店、北汝河干流前坪 2 座大型水库正在建设。

（二）安徽省及其沿淮区域自然条件

全省南北长约 570km，东西宽约 450km。总面积 14.01 万 km²，约占中国国土面积的1.45%。安徽省地形地貌呈现多样性，中国两条重要的河流——长江和淮河自西向东横贯全境，把全省分为3个自然区域：淮河以北是一望无际的大平原，土地平坦肥沃；长江、淮河之间丘陵起伏，河湖纵横；长江以南的皖南地区山峦起伏，以黄山、九华山为代表的山岳风光秀甲天下。

安徽地处暖温带与亚热带过渡地区，淮河以北属暖温带半湿润季风气候，淮河以南为亚热带湿润季风气候。全省年平均气温为14℃～17℃，平均日照1800～2500h，平均无霜期200～250d，平均降水量800～1800mm。

长江流经安徽中南部，境内全长416km；淮河流经安徽北部，境内全长430km；新安江为钱塘江正源，境内干流长240km。长江水系湖泊众多，较大的有巢湖、龙感湖、南漪湖，其中巢湖面积近800km²，为中国五大淡水湖之一。

（三）江苏省及其沿淮区域自然条件

江苏省位于中国大陆东部沿海，长江、淮河下游地区，全省总面积10.72万km²，占全国1.12%。江苏地形以平原为主，地貌包含平原、山地和丘陵3种类型。其中，平原面积占比86.90%，丘陵面积占比11.54%，山地面积占比1.56%。全省93.89%的陆地面积处于0°～2°的平坡地中，仅有0.03%的陆地面积处于35°以上的极陡坡地中。土壤肥力中上，滩涂是主要的耕地后备资源。

江苏省位于东亚季风气候区，处在亚热带和暖温带的气候过渡地带。江苏省地势平坦，一般以淮河—苏北灌溉总渠一线为界，以北地区属暖温带湿润、半湿润季风气候，以南地区属亚热带湿润季风气候。植被类型依次为落叶阔叶林、落叶常绿阔叶林和常绿阔叶林。江苏气候呈现四季分明、季风显著、冬冷夏热、雨热同季、雨量充沛、降水集中、梅雨显著、光热充沛、气象灾害多发等特点。全省森林面积156万hm²，林木覆盖率达23.6%。

淮河在江苏省有多条支流汇入，水系类型属羽状水系，汇流时间较长，河网密布，河流发育状况良好，湖泊汇入较多。淮河经盱眙老子山入洪泽湖，流经江苏境内的淮安市、盐城市、宿迁市、徐州市、连云港市、扬州市和泰州市。流经地区以平原为主，地形西高东低。其中，淮安市位于古淮河与京杭大运河交点，境内河湖众多，水网密布，京杭运河、淮沭河、苏北灌溉总渠、淮河入江水道、淮河入海水道、古黄河、六塘河、盐河、淮河干流 9 条河流纵贯横穿，还有白马湖、高邮湖、宝应湖等中小型湖泊。

（四）山东省及其沿淮区域自然条件

山东省地处中国东部沿海、黄河下游，分为半岛和内陆两部分。半岛突出于黄海、渤海之间；内陆部分北与河北省为邻，西与河南省交界，南与安徽省、江苏省接壤。南北宽约 420km，东西长约 700km，总面积 15.71 万 km²。

全省地势中部突起，为鲁中南山地丘陵区，东部半岛大部分是起伏和缓的波状丘陵区，西部、北部是黄河冲积平原区。平原面积占全省总面积的 55%，山地、丘陵占 29%，洼地、湖泊占 8%，其他占 8%。海岸线长约 3345km，近海海域面积 15.95 万 km²，沿海滩涂面积 3223 km²。

山东省位于北温带半湿润季风气候区，四季分明，温差变化大，雨热同期，降雨季节性强。冬季寒冷干燥，少雨雪；夏季天气炎热，雨量集中；春秋两季干旱少雨。全省平均气温为 11℃ ~ 14℃，无霜期 200 ~ 220d，年日照时数 2400 ~ 2800h，年平均日照百分率 55% ~ 65%。

山东省河流分属黄、淮、海三大流域及半岛独流入海水系。全省平均河网密度为 0.24km/ km²，干流长度在 5km 以上的河流有 5000 多条，10km 以上的有 1552 条。黄河横贯菏泽、济南等 9 市，在东营市垦利区入海。有沂河、沭河、梁济运河、洙赵新河、东鱼河、泗河、韩庄运河、大汶河、徒骇河、马颊河、德惠新河、漳卫河、小清河、潍河、大沽河等大型河道 15 条。湖泊主要分布在鲁中南山丘区与鲁西平原接壤带，总面积 1494 km²，兴利库容 23 亿 m³，较大的湖泊有南四湖和东平湖。

山东省淮河流域系指沂沭泗河上中游水系，位于山东省南部及西南部。北以泰沂山脉与大汶河、小清河、潍河流域分界；西北以黄河为界；西南与河南、安徽省为邻；南与江苏省接壤，地理坐标为东经 114° 19′ ~ 122° 43′，北纬 34° 25′ ~ 37° 50′。流域面积 5.10 万 km²，占全省总面积的 32.55%。

山东省淮河流域水系受地形、地貌等因素影响，习惯上可分为 3 大片区：东部为沂沭河流域，西部为南四湖流域，中部为邳苍地区及韩庄运河流域。

沂沭河流域由沂河、沭河两大河流组成，均发源于沂蒙山区，并大致平行南下。沂河流经临沂市并于郯城县吴道口村入江苏省，至苗圩入骆马湖，全长 33km，其中山东省境内河道长 287.5km。境内流域面积 1.69 万 km²，其中沂河 1.09 万 km²，老沭河为 5378km²，新沭河为 637km²。沂河在刘家道口辟有分沂入沭水道，分沂河洪水经新沭河直接入海；在江风口辟有邳苍分洪道，分沂河洪水入中运河。沂河支流众多，一级支流 36 条，较大支流有东汶河、蒙河、祊河、李公河和白马河等。沭河流经临沭县至大官庄分为东、南两支，东支称为新沭河，至大兴镇入江苏省石梁河水库，向东至临洪河口入海；南支称为老沭河，至郯城县老庄子村流入江苏省境内，在新沂于口头村入新沂河。沭河在省界以上河道长 262.2km。沭河支流主要分布于上中游，较大的支流有袁公河、柳青河、高榆河、武阳河、汤河等。沂河、沭河均为山洪河道，水流急，洪水暴涨暴落，水土流失较为严重。

第二节 经济社会发展概况

淮河与秦岭山脉构成了我国的南北物候分界线。淮河流域气候温和，雨量适中，土地肥沃，物产丰富，人杰地灵，是我国经济发达、文化繁荣较早的地区之一，也是中华民族灿烂文化的发祥地之一，在我国数千年文明发展史上，始终占有极其重要的位置，素有"江淮熟，天下足"的美誉。

一、基本特点

改革开放以来，淮河流域经济社会发展水平得到了一定程度的提高，但是，淮河干流地区远离流经区域各省的发展重点，发展相对滞后。与全国相比较，淮河地区经济发展呈现出以下几个特点。

第一，经济发展水平整体较低，在我国中东部地区成为"发展洼地"和经济贫困带。除淮安、盐城之外，淮河干流其他地区人均国内生产总值均低于全国平均水平，个别地区的人均国内生产总值在全国平均水平的一半以下；同时，淮安、盐城两市的人均国内生产总值也远远低于江苏省的平均水平。

第二，从淮河干流整体来看，在国民经济结构中，第一产业产值占总产值的比重较高，传统农业依然在国民经济中占有较为重要的地位；第二产业产值占比与全国平均水平相近，这说明沿淮地区以工业为主的第二产业发展已经初具规模，在国民经济中发挥了一定程度的主导作用；第三产业产值占比相对较低，现代服务业发展相对不足。

第三，城镇化有一定发展水平，淮南、淮安、盐城等地区城镇化率高于全国平均水平；另外一些地区城镇化水平则较低，低于全国平均水平。

二、基本条件及发展趋势

淮河流域是承载人口和经济活动的重要地区。淮河流域地势平坦，大部分为平原地区，自然、气候适宜于人类生存，具有良好的耕作和城市建设条件，适宜承载较多的人口和经济活动。从未来的发展看，淮河流域的煤炭资源丰富，现代工业基础比较好，区位优势明显，吸引产业转移的条件较为优越，经济发展的资源约束较小，发展的潜力和空间大。预计到2030年流域内人口将达到1.92亿人，GDP将达到7.74万亿元，城镇化率将达到58.4%。

淮河流域在我国国民经济中占有十分重要的战略地位。流域内矿产资源丰富、品种繁多，其中分布广泛、储量丰富、开采和利用历史悠久的矿产资源有煤、石灰岩、大理石、石膏、岩盐等。煤炭资源主要分布在淮南、淮北、豫东、豫西、鲁南、徐州等矿区，探明储量为700亿t，煤种齐全，质量优良。这一地带也是我国黄河以南地区最大的火电能源中心、华东地区主要的煤电供应基地。石油、天然气主要分布在中原油田延伸区和苏北南部地区，河南兰考和山东东明是中原油田延伸区；苏北已探明的油气田主要分布在金湖、高邮、溱潼3个拗陷，已探明石油工业储量近1亿t，天然气工业储量近27亿m³。河南、安徽、江苏均有储量丰富的岩盐资源，河南舞阳、叶县、桐柏，估算岩盐储量达2000亿t以上；安徽定远1991年底氯化钠保有储量为12.43亿t；江苏苏北岩盐探明储量33亿t。

淮河流域位于中原腹地，交通运输比较发达，是我国沟通南北、连接东西的交通枢纽区域。京沪、京九、京广3条南北铁路大动脉从流域东、中、西部通过，著名的欧亚大陆桥—陇海铁路及晋煤南运的主要铁路干线新（乡）石（臼）铁路横贯流域北部；流域内还有合（肥）蚌（埠）、新（沂）长（兴）、宁西等铁路。流域内公路四通八达，近些年高等级公路建设发展迅速，公路网密集，分布有京沪、京珠、沪蓉、连霍、山深、同三、京台等高速公路，是国家重要的交通走廊。连云港、日照等大型海运港口直达全国沿海港口，并通往海外。京杭大运河、淮河干流是国家重要的水上运输通道。流域内郑州、阜阳、蚌埠、徐州、连云港、济宁、菏泽等中心城市是国家重要的交通枢纽，具有很强的辐射作用。因此，淮河流域对于国家交通运输的安全具有重要的意义。

淮河流域的工业门类较齐全，以煤炭、电力、食品、轻纺、医药等为主，近年来化工、化纤、电子、建材、机械制造等产业有很大的发展。淮河流域与长三角、山东半岛相连，有较为丰富的农副产品资源、矿产资源、水土资源；劳动力充足，成本比较低；科技创新方面有一定的基础，较易获得技术和产业的转移，产生规模和集聚效应，具有发展现代制造业的良好条件。淮河流域已经形成了郑州、蚌埠、徐州、济宁等一批产业基础较好的城市经济中心，机械、化工、食品、纺织等产业具有较强的竞争力。流域各省均制定了区域发展规划。河南将建成以现代制造、高新技术、能源、石化等产业为主的郑汴洛城市工业走廊，推进新乡—郑州—许昌—漯河轻纺、食品和高新技术产业带，洛阳—平顶山—漯河能源、原材料和重化工业产业带以及商丘等市农畜产品精深加工产业的发展。安徽将构建"两淮一蚌"重化工业经济带和阜亳农副产品深加工及新兴能源经济带，加速发展重化工业，逐步建成亿吨级煤炭基地、双千万千瓦级火电基地、煤化工和精细化工基地。江苏将以沿东陇海线产业带和沿海经济带建设为重点，建成以资源深加工为主体的新型加工工业基地。山东按"一体两翼"的发展思路，依托新欧亚大陆桥，加强鲁南城市带建设，建成重要的能源和煤化工基地，发展特色农产品加工产业。综合流域内资源优势、区位优势以及产业基础和发展趋势，淮河流域将成为我国新兴的现代制造业基地。

淮河流域煤炭资源丰富，全流域煤炭的探明储量约为 700 亿 t，煤炭质地优良，分布集中、埋深较浅，易于大规模开采。流域内火电装机容量呈加快发展趋势。淮河流域接近主要的能源消费区域，输送距离短，因此，综合煤炭储量、分布、开采条件，以及能源产业开发基础、市场服务半径等因素，淮河流域作为国家重要的能源基地，未来仍将为保障国家能源安全发挥重要支撑作用。

淮河流域气候、土地、水资源等条件较优越，适宜发展农业生产，是我国重要的粮、棉、油主产区之一，是保障国家粮食安全的战略区域。淮河流域农作物分为夏、秋两季，夏收作物主要有小麦、油菜等，秋收作物主要有水稻、玉米、薯类、大豆、棉花、花生等。我国人均耕地面积少，且呈逐年减少趋势，人地矛盾日益尖锐。淮河流域的耕地资源在全国具有举足轻重的地位，是我国重要的粮食产区和商品粮生产基地，主要农产品具有相对优势。按照《全国主体功能区规划》，黄淮海平原是国家确定的农产品主产区，按照《全国新增 1000 亿斤粮食生产能力规划（2009—2020 年）》，其已完成新增 329 亿斤粮食产能的建设任务，占全国的 32.9%。淮河流域的大部分区县位于规划划定的黄淮海区 300 个粮食产能建设核心县（市、区）内，稳定和提高淮河流域粮食生产对国家粮食安全有着非常重要的意义。另外，淮河流域地处中原和华东地区，距离主要粮食消费地较近，利于缓解全国粮食供需区域不平衡的矛盾和粮食远距离调运的问题。因此，未来淮河流域对保障国家粮食安全至关重要。

第三节　生态经济带建设的基础与潜力

随着淮河流域经济发展水平的提高、人口的不断增加、城市化进程的加快，全社会对水利发展的要求不断提高，加之淮河流域特殊的自然条件，使得淮河治理和保护的任务艰巨而复杂。淮河流域经济社会发展仍将面临许多问题，其发展水平与流域生态经济可持续发展的要求相比，还有很大差距。

一、流域整体基础特点

（一）地处南北气候过渡带，极易发生洪涝旱灾害

淮河流域是我国南北气候、高低纬度和海陆相 3 种过渡带的重叠区域，

气候变化幅度大，灾害性天气发生的频率高；受东亚季风影响，流域的年际降水变化大，年内降水分布也极不均匀；洪、涝、旱及风暴潮灾害频繁发生，且经常出现连旱连涝或旱涝急转。

（二）地势低平，蓄排水条件差

淮河流域平原面积广阔，占流域总面积的2/3，地形平缓，淮北平原地面高程一般为15～50m，淮河下游平原地面高程一般为2～10m。淮河干流河道比降平缓，平均比降洪河口以上为0.5‰，洪河口至中渡为0.03‰，中渡至三江营为0.04‰。淮河两岸支流呈不对称扇形分布，淮南支流源短流急，遇有暴雨，洪水汹涌而下，先行占据淮河河槽；淮北支流面大坡缓，汇流缓慢，易受干流洪水顶托。

淮河原是水系畅通、独流入海的河道，12世纪以后，黄河长期夺淮，改变了流域原有水系形态，淮河失去入海尾闾，被迫改道入江，淮北支流河道、湖沼多遭淤积，沂、沭、泗诸河排水出路受阻，中小河流河道泄流能力减小、排水困难。

淮河流域地势低平，山区面积小，广大平原地区地面高程大多低于干支流洪水位，受洪水顶托影响严重，加之人水争地矛盾突出，无序开发，侵占河湖，减小了河湖的调蓄能力，更加恶化了蓄排水条件。

（三）水资源不均衡，供需矛盾非常突出

由于流域独特的自然条件，局部水旱灾害年年都有，大面积的水旱灾害时有发生，形成了"大雨大灾、小雨小灾、无雨旱灾"的局面。流域水资源严重短缺。流域水资源总量少，人均水资源量不足500m³，70%左右的径流集中在汛期6—9月，水资源的时空分布不均和变化剧烈，使水资源短缺的形势更加突出，常年缺水导致淮河无法通航，无法发挥河道通航的功能。现状流域多年平均缺水量达51亿m³，缺水率达8.6%，特别是皖北地区，缺水状况十分严重。

（四）人水地之间及区域之间矛盾突出，协调难度大

淮河流域平均人口密度是全国的4倍多，人均水资源占有量只有全国平均水平的1/4，且水资源分布与流域人口和耕地分布、矿产和能源开发等生产力布局不匹配，经济社会发展与水环境承载能力不协调，与资源环境保护

的矛盾突出。淮河流域农业人口占总人口的 67%，对土地的依赖程度高。沿淮湖泊洼地原为淮河洪水滞蓄场所，由于人多地少，历史上就不断围垦河湖，减少了洪水滞蓄场所，降低了洪涝水滞蓄能力，增加了干流排水压力。同时，干支流排水不畅，影响到上下游、左右岸的利益，造成区域之间水事矛盾突出，地区利益协调难度大，增加了治理的复杂性。

（五）水污染形势严峻，水资源保护仍待加强

目前污染物入河排放量仍超过水功能区纳污能力，过半河流的水质尚未达到功能区水质目标要求；水污染使部分水体功能下降甚至丧失，进一步加剧了淮河流域水资源短缺矛盾。流域河湖径流季节性变化大，水资源开发利用程度高，生态用水被挤占，有水无流或河湖干涸萎缩的现象突出，水生态系统破坏严重。偏枯年份淮河生态缺水 21.8 亿 m^3，现状最小生态用水的满足程度仅为 68%。

流域防洪安全要求不断提高，防洪能力相对不足。淮河上游拦蓄能力不足，防洪标准仅 10 年一遇。中游行洪不畅，行蓄洪安全问题突出，遇到中小洪水时行洪能力不足，汛期高水位持续时间长，防汛压力大；行蓄洪区人口多，区内群众安全居住问题尚未得到解决，难以及时启用。淮河下游出路不畅，洪泽湖防洪标准尚未达到 300 年一遇标准。入海水道、入江水道、分淮入沂及洪泽湖大堤虽经多次整治，仍存在较多险工隐患，难以下泄设计流量。洪泽湖中低水位的下泄能力偏小，遇中小洪水时洪泽湖水位快速上升，影响中游洪水下泄。

（六）治理理念和管理水平落后，跨区域协调难度大

长期以来淮河的治理是以防御水患为主，没有形成以开发利用淮河促进治理淮河的相关理念。而且淮河流经几个省份，长达 1000km，水患的发生又有其偶然性，洪水管理体系存在缺陷，这就在一定程度上导致流域综合管理相对薄弱，水量分配和水量调度工作相对滞后，水资源保护的手段和措施缺乏。此外，基层水管单位管理设施薄弱，保障能力不足，应急处置工作机制不够健全，应对突发公共事件的能力不强；支撑流域防洪除涝、水资源管理与保护、水土保持的监测监控站网体系尚不完备，水利信息化水平不高，管理基础设施及能力建设急需加强。

（七）经济发展相对缓慢，基础薄弱

淮河流域地区是我国重要的大宗农产品生产基地，服务于国家粮食和生态安全战略需要。流域农业比重大，行蓄洪区和生态保护区开发限制多。农业效益比较低，流域地方政府财力不强，流域人口密集，城镇化水平相对落后，基础设施建设成本偏高，基础设施建设历史欠账多，区域发展总体竞争力不强，流域发展条件亟待改善。

二、历史机遇

（一）国家战略叠加下枢纽区位凸显

1. 对接泛长三角一体化

长三角地区是中国人口最为稠密、经济活动最为活跃、参与国际化程度最高的地区之一。目前，长三角地区正在进行产业结构优化和升级，不断寻求空间的拓展。淮河流域无疑是长三角地区空间分工、合作和市场拓展的重要基地。沿淮地区与长三角地区空间距离较近，拥有丰富的土地、矿产等自然资源，拥有更多的低成本劳动力、有广阔的内地市场，具备一定的产业配套能力。这些条件都为承接长三角地区产业转移与进行产业配套提供了基础条件。淮河流域通过参与泛长三角区域内部的分工与合作、提升区域整体实力和发展能力，实现泛长三角区域经济的一体化发展，实现产业转移、区域合作。

2. 对接周边国家区域发展战略

江苏是"一带一路"的交汇点，地缘优势独特，发展基础良好，对外开放度高。《江苏沿海地区发展规划》正式将江苏沿海发展列为国家战略；《皖江城市带承接产业转移示范区规划》将安徽沿江城市带承接产业转移示范区建设纳入国家发展战略；《国务院关于支持河南省加快建设中原经济区的指导意见》推动中原经济区正式上升为国家战略。如上所述，淮河流域南侧、东部、西北等周边三大区域都已经上升为国家战略，无疑为三大区域的经济腾飞指明了战略方向。从地理区位上来看，淮河流域恰是连接三大区域的纽带，是三大国家战略进行结合的重要契合点。

（二）强国兴邦时代的区位战略缺位

世界经济发展的历史表明，重点区域发展战略能够释放巨大的政策红利，在助推区域经济迅速崛起、实现跨越式发展的过程中能够起到关键作用。纵观我国的区域发展战略，在沿海大开发、西部大开发、振兴东北老工业基地、环渤海地区发展、长三角地区发展、珠三角地区发展等一系列国家战略的刺激和扶持之下，重点区域经济已经得到了飞速发展，实现了全面展开、多点开花、以点带面的开发格局。

党中央已经充分认识到了国家区域战略在加快区域经济发展、统筹区域协调发展方面的重要作用，并于近年明确了着力构建"两横三纵"为主体的区域战略格局，即以陇海兰新亚欧大陆桥通道、沿长江通道为两条横轴，以沿海、京哈京广、包昆通道为三条纵轴，进一步布局并优化国家战略和重点开发区域战略。

淮河流域作为流域跨度大、区位优势大、开发价值大、带动作用大的中东部欠发达区域，长期以来未受到国家级区域战略强有力的辐射带动作用，表现出严重的区域战略缺位。淮河流域恰好位于"两横三纵"战略布局轴上。在"两横三纵"区域战略布局思路日益明确后，赋予了淮河流域前所未有的战略发展机遇。无论是国家战略布局的宏观框架，还是流域内部的中微观现状，都有必要重视淮河流域的发展，并将区域发展战略升格为淮河生态经济带国家战略，加快淮河流域的快速、协调、绿色发展步伐。

三、发展潜力和资源蕴藏概况

（一）淮河流域呈现的发展潜力特征

1. 耕作条件良好，农业生产潜力巨大

淮河流域平原面积广阔，占流域总面积的2/3，流域气候、土地、水资源等条件较优越，适宜发展农业生产，是我国重要的粮、棉、油主产区之一。淮河流域农作物分为夏秋两季，夏收作物主要有小麦、油菜等，秋收作物主要有水稻、玉米、薯类、大豆、棉花、花生等。淮河流域的总耕地面积为1.9亿亩，约占全国总耕地面积的11.7%，人均耕地面积1.12亩。有效灌溉面积1.4亿亩，约占全国有效灌溉面积的16.5%，耕地灌溉率72.6%。粮食总产量

9490 万 t，约占全国粮食总产量的 17.4%，商品粮占全国 25%。人均粮食产量 559kg，高于全国人均粮食产量。

流域四季分明，光热充足，农业发展潜力巨大。然而，沿淮设置的蓄洪区、滞洪区占用了大片农田，影响了村镇建设。若能依托大批水利工程建设将这些蓄滞洪区有效利用起来，加上淮三角地区大量待开发的滩涂地，可新增稳产高产田 1000 万～3000 万亩。流域内湖泊众多，水面广阔，为发展水产养殖业提供了理想条件；生物资源丰富，发展畜牧业潜力巨大。因此，进一步加大投入，可将流域建成稳产高产、集约化、现代化农业示范区。

2. 矿产资源丰富，工业发展基础较好

淮河流域矿产资源丰富、品种繁多，其中分布广泛、储量丰富、开采利用价值高的矿产资源有煤、铁、钼、岩盐、天然碱、石英石、凹凸棒石黏土、石灰岩、大理石、石膏等。淮河流域发展现代能源、化工、原材料工业具有得天独厚的条件，可成为国家重要的能源原材料基地。特别是我国煤炭资源绝大部分分布在缺水地区，成为发展煤化工的制约因素，唯有淮南煤矿在水资源富集地区，在淮南市建立煤制油基地，并逐步扩大规模，可有效降低对进口石油的依赖程度和提高我国中原地区能源安全保障。

淮河流域的工业门类较齐全，以煤炭、电力、食品、轻纺、医药等为主，近年来汽车、化工、化纤、电子、建材、机械制造等产业有很大发展，具备较高的工业发展基础条件。淮河流域经济增速加快，经济总量成倍增长，工业增加值增速高于全国平均水平，在我国国民经济中占有十分重要的战略地位。

3. 区位条件优越，后发优势明显

淮河流域濒临长三角和环渤海地区，是我国沟通南北、连接东西的重要区域，区位优势明显。淮河流域劳动力资源丰富，特别是农村富余劳动力多，每年输出 3000 多万务工人员。

流域内交通干线密布，有京沪铁路、京九铁路、京广铁路、京广高速铁路和京沪高速铁路。公路网密集，分布有京沪、京珠等高速公路，是国家重要的交通走廊。京杭大运河、淮河干流及主要支流是国家重要的水上运输通道。

流域吸引产业转移的条件优越，经济发展的资源约束相对较小，对人口和产业承载能力强，发展空间巨大。淮河流域抓住国家产业结构调整战略机遇，加快承接沿海产业转移，大批投资项目落户，IT、生物医药、新能源、新材料、节能环保、现代装备制造等一批新兴产业迅速崛起。

总体而言，淮河流域正处于工业化、城镇化和农业现代化快速推进阶段，未来发展空间、增长潜力巨大，后发优势明显。

（二）分省的资源蕴藏概况

1. 河南省及其沿淮区域资源蕴藏概况

截至 2019 年，河南省永久基本农田面积 681.55 万 hm^2，其中水田 62.49 万 hm^2，审批占用永久基本农田面积 $1876.05hm^2$，补划永久基本农田面积 $1876.05hm^2$，全省国有土地供应总面积 2.58 万 hm^2。

河南全省已发现的矿种 144 种，其中能源矿产 10 种，金属矿产 44 种，非金属矿产 88 种，水气矿产 2 种；查明资源储量的矿种 110 种；已开发利用的 93 种，其中能源矿产 6 种，金属矿产 23 种，非金属矿产 62 种，气体矿产 2 种。

河南全省共有 1503 个各类经济性质的独立核算采矿单位从事矿业生产活动，其中大型矿山企业 141 个，中小型矿山企业 1072 个，小矿 290 个；从事矿业生产人数 31.18 万余人。固体矿石产量 2.75 亿 t，实际采矿能力 3.44 亿 t／a；工业生产总值 842.51 亿元，矿产品销售收入 677.25 亿元，利润总额 59.56 亿元，其中煤炭利润总额为 14.51 亿元。

2. 安徽省及其沿淮区域资源蕴藏概况

安徽地处华东腹地，其地貌类型比较齐全，有山地、丘陵、岗地、平原，面积分别占全省土地总面积的 15.3%、14.0%、13.0%、49.6%（其余 8.1% 为大水面），全省耕地 422 万 hm^2，林地 329 万 hm^2。安徽省地处暖温带和亚热带的过渡地区，具有地形复杂、成土母质多样、水热条件变化大的特点，加上农耕历史悠久，导致土壤类型多种多样。安徽省共有 5 个土纲，8 个亚纲，13 个土类，34 个亚类，111 个土属，218 个土种。5 个土纲分别是铁铝土纲、淋溶土纲、潴育土纲、半水成土纲和人为土纲。13 个土类分别是红壤、黄壤、黄棕壤、黄褐土、棕壤、石灰（岩）土、紫色土、石质土、粗骨土、山地草甸土、砂姜黑土、潮土和水稻土。土地总面积约13.96万km²，占中国土地总面积的1.45%，位居全国各省（自治区、直辖市）的第22位。

安徽省地处于南北方的过渡地带，气候上的南北过渡特征十分明显，且地貌类型多样，山地、丘陵、岗地、平原兼备，自然环境复杂多样，因而植物和动物资源十分丰富而多样。

淮河以北属于暖温带落叶阔叶林地带，多杨、槐、桐；淮河以南属北亚热带常绿、落叶阔叶混交林地带和中亚热带常绿阔叶林地带，多松、杉、竹。全省林业用地440.35万hm²，约占国土总面积的31.7%，与耕地面积接近；湿地面积2.9万km²，约占国土总面积的20%。2012年末森林总面积380.42万hm²，活立木总蓄积量2.171亿m³，森林蓄积量1.807亿m³。全省有21个山区县（市、区），全部分布在皖南山区和皖西大别山区，森林覆盖率较高，平均在50%以上；有65个平原县（市、区），主要分布在淮北、沿淮、沿江地区，已全部跨入全国平原绿化先进地区行列，平均森林覆盖率在15%以上；其余的为丘陵、岗地，多分布在江淮之间地区，平均森林覆盖率约为12%。

安徽全省野生动植物资源丰富、种类繁多。有高等植物4245种，占全国种数的14.2%。其中国家一级保护植物6种，二级保护植物25种。脊椎动物44目121科742种，占全国种数的14.1%。全省林副产品丰富，盛产苹果、梨等水果，板栗、山核桃、银杏等干果，木瓜、杜仲等木本药材以及香菇、木耳等，其中砀山酥梨、太和香椿、金寨板栗、宁国山核桃、宣州木瓜、水东蜜枣、泾县青檀等林副产品闻名遐迩。野生动物21种、二级保护动物70种，世界特有的野生动物扬子鳄和白鳍豚就产在安徽中部的长江流域。

全省已发现的矿种为128种（计算到亚矿种为161种）。查明资源储量的矿种108种（含亚矿种），其中能源矿种6种，金属矿种23种，非金属矿种77种，水气矿种2种。全年地质勘查部门开展各类地质项目（省级）23项。2019年新增查明资源储量的大中型矿产地16处。

3. 江苏省及其沿淮区域资源蕴藏概况

江苏省土地总面积1072万hm²，其中河流面积254.26万hm²，森林面积

156 万 hm²，沼泽面积 7.47 万 hm²，湿地面积 282.19 万 hm²，湖泊面积 53.67 万 hm²。

江苏省矿产资源分布广泛，品种较多，已发现的有 133 种。能源矿产主要有煤炭、石油和天然气；非金属矿产有硫、磷、钠盐、水晶、蓝晶石、蓝宝石、金刚石、高岭土、石灰石、石英砂、大理石、陶瓷黏土；金属矿产有铁、铜、铅、锌、银、金、锶、锰等。黏土类矿产、建材类矿产、化工原料矿产、冶金辅助原料矿产、特种用途矿产和有色金属矿产，是江苏矿产资源的优势。

4. 山东省及其沿淮区域资源蕴藏概况

山东省生物资源种类多、数量大。境内有各种植物 3100 余种，其中野生经济植物 645 种。树木 600 多种，分属 74 种 209 属，以北温带针、阔叶树种为主。各种果树 90 种，分属 16 科 34 属，山东因此被称为"北方落叶果树的王国"。中药材 800 多种，其中植物类 700 多种。

山东省是全国粮食作物和经济作物重点产区，素有"粮棉油之库、水果水产之乡"之称。小麦、玉米、地瓜、大豆、高粱、棉花、花生、烤烟、麻类产量都很大，在全国占有重要地位。

山东省是全国重要的能源基地之一。胜利油田是中国第二大石油生产基地，中原油田的重要采区也在山东，山东原油产量占全国 1/3。近年来，胜利油田钻探范围逐步进入渤海海域，高科技钻井技术的广泛应用，使油田一直保持着稳产、高产。山东境内含煤地层面积 5 万 km²，兖滕矿区是全国十大煤炭基地之一。山东电力资源充足，山东电网是全国六大电网中唯一的省独立电网。

山东省查明的矿产资源储量较丰富，资源储量在全国占有重要的地位。列全国前 5 位的有 44 种，列全国前 10 位的有 69 种，全省现已发现的矿藏资源有 128 种，占全国已经发现矿产品种类的 70% 以上，探明储量的有 74 种，其中有 30 多种储量居全国前 10 位，以非金属矿产居多。国民经济赖以发展的 15 种支柱性矿产，山东均有查明资源储量，其中石油、铁、铝、金、钾盐、盐矿、石灰岩等矿产保有资源储量居全国前 10 位。据 2010 年底全国保有资源总量统计，山东列全国第 1 位的矿产资源有金、铪、自然硫、石膏等 11 种；

列全国第 2 位的有菱镁矿、金刚石等 10 种；列第 3 位的有石油、钴、锆等 10 种；列第 4 位的有耐火黏土、滑石、明矾石等 5 种；列第 5 位的有油页岩、铁矿等 8 种；列第 6 位的有重晶石、钾盐等 6 种；列第 7 位的有铝土矿、红柱石等 8 种；列第 8 位的有盐矿、长石等 5 种；列第 9 位的有方解石、石棉等 5 种；列第 10 位的有煤 1 种。

第四节　沿淮各省生态经济带建设方案

一、河南省建设方案

（一）空间布局

按照《淮河生态经济带发展规划》总体布局，河南将坚持以资源环境承载能力为基础，发挥各地比较优势，依托综合交通干线和重要生态水系，构建"一区、两轴、两廊"的空间发展格局。

一区：淮河生态经济带内陆崛起引领区。重点推动信阳市、商丘市区域中心城市建设，壮大驻马店市、周口市、漯河市、平顶山市等大中城市规模和综合实力，强化产业集聚、交通枢纽、服务功能，为内陆地区加快崛起提供示范引领。

两轴：沿京广线、京九线两大发展轴。依托京广高铁、京港澳高速等交通干线，建设漯河—平顶山—驻马店—信阳—南阳桐柏发展轴；依托京九铁路、京九高铁等交通干线，建设商丘—周口—驻马店—信阳发展轴。

两廊：沿淮河干流、重要支流两大绿色生态走廊。加快淮河干流沿线生态系统修复，推进沙河、颍河等淮河重要支流和引江济淮工程（河南段）沿线水环境综合治理，统筹岸线开发和港口建设，提升生态系统质量和稳定性，构筑具有复合功能的生态防护体系。

（二）发展目标

在全面建成小康社会的基础上，继续打好打赢三大攻坚战，产业转型升级步伐加快，基础设施更加完善，乡村振兴取得重要进展，水环境质量持续改善。

到 2025 年，区域综合实力和竞争力明显增强，流域环境质量明显改善，基础设施互联互通水平显著提升，城镇化水平稳步提高，经济发展质量和效益持续增强，民生突出问题得到有效解决，基本公共服务均等化水平大幅提升。

到 2035 年，美丽淮河目标基本实现，经济实力、科技实力大幅提升，人民生活更加美好，乡村振兴取得决定性进展，城乡区域发展差距和居民生活水平差距显著缩小，现代产业体系更加完善，现代社会治理格局基本形成，建成美丽宜居、充满活力、和谐有序的生态经济带，基本实现社会主义现代化。

（三）主要任务

1. 构建生态安全屏障

建设重要生态廊道。重点推动信阳市、驻马店市和桐柏县加快沿淮生态保育带建设，商丘市加快明清黄河故道及隋唐大运河生态保育带建设，漯河市、平顶山市、周口市加快沿铁路、公路等主要交通干线生态廊道建设，构建连通全省的沿淮河、沿黄河故道、沿重要交通干线生态廊道网络。

提升山地和平原生态屏障功能。加快推进桐柏—大别山、伏牛山地生态屏障和平原生态涵养区建设，构建山地立体绿屏和平原生态绿网。支持信阳市建设淮河流域综合治理与可持续发展示范区。

加强生态保护修复。实施湿地保护与修复工程，加强水土流失防治、生物多样性保护，推进露天矿山、废弃矿山和采煤沉陷区综合整治。加强水资源保护，开展农业、工业、服务业节水行动，建设节水型社会。支持信阳市建设国家级水产种质资源保护区、平顶山市建设北部山体生态修复暨文化休闲区。

强化环境污染防治。打好污染防治攻坚战，实施蓝天保卫、水污染防治、土壤污染防治和农村人居环境整治等行动，有效防范生态环境风险，提高环境治理水平。支持周口市、光山县建设资源循环利用基地。

2. 完善基础设施网络

建设现代综合交通运输体系。建成郑万、郑阜、商合杭高铁河南段，开工建设京雄商高铁、京九高铁阜阳至黄冈段，积极争取宁西高铁、南阳经驻马店至阜阳铁路纳入国家相关规划。加快三门峡至江苏洋口港铁路建设，规划研究信阳至随州高铁、濮阳经开封至潢川铁路等项目，规划建设洛阳—平顶山—漯河—周口城际铁路。实施连霍高速商丘至豫皖省界段及宁洛、日南等高速改扩建工程，建设京港澳高速东、西复线河南段。支持信阳明港机场改扩建，推动商丘市、平顶山市、周口市等建设支线机场。加快淮河干支线航运开发和港口建设，建成周口市、漯河市、固始县、淮滨县内河港口口岸查验区，支持建设淮滨临港经济区。

完善水利基础设施。建成出山店、前坪水库，推动张湾、袁湾水库开展前期工作。完成宿鸭湖水库清淤扩容，加快西平杨庄、老王坡等流域蓄滞洪区建设。实施大中型病险水库（水闸）除险加固、大中型灌区续建配套改造。开工建设引江济淮工程（河南段）、大别山革命老区引淮供水灌溉工程，支持息县建设"四水同治"示范县。

3. 加快产业转型升级

发展壮大先进制造业。做大做强优势主导产业，支持建设漯河中国食品名城、信阳国际茶城、驻马店国际农产品加工产业园、平顶山电气装备研发制造基地，打造漯河市、周口市、驻马店市、信阳市、商丘市等千亿级食品产业集群。培育发展新兴产业，重点提升周口市、信阳市电子信息产业集群水平，壮大周口市、商丘市、驻马店市、信阳市医药产业规模，建设平顶山市千亿级尼龙新材料产业基地。改造提升钢铁、化工、轻纺、建材等传统产业，加快建设一批智能车间和绿色工厂。

提升发展现代服务业。突出发展冷链、快递、电商物流产业，规划布局漯河临港、信阳新时代、驻马店恒兴、周口临港等物流产业园，加快信阳市、商丘市等国家物流枢纽建设，提升周口市、驻马店市、平顶山市、漯河市等重要物流节点城市功能。推进旅游产业联动发展，支持旅游业与文化创意、体育健康、美食购物等业态融合发展，联合打造一批精品线路、精品景点和知名品牌。大力发展健康养老产业，加快建设驻马店老乐山、周口龙湖、信阳灵龙湖、平顶山舒山等健康养老产业园。支持信阳两湖区域开展健康和文旅产业融合发展创新示范。

大力发展现代农业。巩固提升粮食核心区生产能力，加大中低产田改造力度，到 2020 年建成高标准农田 1350 万亩。发展壮大优势特色农业，重点建设优质中筋弱筋小麦生产基地、豫东优质大果花生基地、豫南豫西南优质小果花生基地、豫东豫西南优质肉牛、肉羊养殖基地和优质饲草基地。壮大新型农业经营主体，积极发展家庭农场，鼓励发展农民专业合作社联合社。完善农产品流通体系，提升农产品批发市场综合服务功能。

加快发展数字经济。加快建设 5G 基础网络，推动 5G 全面商用，支持 5G 产业研发创新基地和应用示范基地建设。加快工业互联网基础设施建设，重点培育一批细分领域行业性平台，引导中小企业上云上平台，推进企业数字化智能化改造。加快新型智慧城市建设，推动数字技术与城市各领域深度融合。深入推进"互联网＋政务服务"，推动政务数据共享开放，打造智慧化政府。支持大数据产业园区建设，集聚一批大数据重点企业，实施一批大数据产业示范项目，重点培育数字经济示范园区。

提升自主创新能力。支持信阳市等创建国家创新型城市。实施高新区创新发展提速工程，支持平顶山国家高新区转型发展，推动信阳高新区升级为国家高新区。做优做强一批创新引领型企业，广泛汇聚一批创新引领型人才，培育壮大一批创新引领型平台，加快发展一批创新引领型机构。推进商丘市、漯河市、周口市、驻马店市、信阳市国家农业科技园区和鹿邑县国家双创示范基地建设。

4. 推动城乡统筹发展

促进大中小城市协调发展。推动信阳市建设大别山革命老区区域性中心城市、商丘市建设豫鲁苏皖区域性中心城市。加快驻马店市、周口市、漯河市、平顶山市等地产业高端化和功能现代化发展。推动汝州市、永城市、固始县、鹿邑县、项城市等县（市）发展成为 50 万人以上的中等城市，新蔡县、潢川县建成 30 万人左右的城市。培育建设一批具有商贸物流、休闲旅游、生态宜居等特色的小镇。

实施乡村振兴战略。推进产业、人才、文化、生态、组织振兴，科学编制各类规划，加快农业农村现代化发展。加快高效种养业和绿色食品业转型升级，促进农村一、二、三产业融合发展。实施新一轮农村电网改造升级工程。在舞钢市、临颍县等县（市）开展全域乡村振兴示范，推动 59 个示范乡镇先行先试。

加快城乡融合发展。全面取消城市落户限制，促进农业转移人口进城落户。全面推行居住证制度，推动城镇基本公共服务覆盖常住人口。深化农村集体产权制度改革，完善城乡统一的建设用地市场，完善农村承包地"三权"分置办法，探索农村宅基地改革。

5. 全面提升开放水平

推进开放平台建设。提升铁路和水运口岸功能，推动商丘市、信阳市保税物流中心等拓展业务领域。完善承接产业转移机制，支持具备条件的省级开发区建设承接产业转移示范区。持续办好中国（驻马店）农产品加工业投资贸易洽谈会和中国（漯河）食品博览会。

深化区域合作交流。建设境外经贸产业园、海外仓和能源原材料生产基地，推动特色农产品企业与"一带一路"沿线地区开展商贸合作。密切与安徽、湖北等省联系，加强文化旅游、基础设施、生态环保等领域合作。支持成立淮河上游绿色发展城市联盟。

二、安徽省建设方案

（一）发展目标

到2025年，在全面建成小康社会基础上，主要污染物排放总量大幅减少，水功能区水质达标率提高到95%以上，河流湖泊、生态环境、城市防洪安全能力显著提升，城乡人居环境明显改善。区域中心城市功能品质进一步提升，资源型城市转型取得实质性进展；乡村活力明显增强，以县城为重要载体的城镇格局进一步优化，基本公共服务均等化水平不断提升。城乡统筹发展迈出新步伐。优势产业集群发展壮大，战略性新兴产业渐成规模，皖北承接产业转移集聚区品牌影响力初步显现，现代化经济体系初步形成，区域竞争力和综合实力显著增强。

到2035年，现代化生态经济体系基本建成。绿色发展制度体系更加完善，生态环境根本好转，美丽淮河（安徽）目标基本实现；经济实力、科技实力大幅提升，人民生活更加宽裕，乡村振兴取得决定性进展，农业农村现代化基本实现，粮食安全保障水平巩固提升，城乡区域发展差距和居民生活水平差距显著缩小；产业分工协作格局不断巩固，基本公共服务均等化基本实现，现代社会治理格局基本形成，全面建成美丽宜居、充满活力、和谐有序、绿色发展的生态经济带。

（二）主要任务

1. 建设水清岸绿美丽淮河（安徽）

加强环境污染综合治理。纵深推进专项攻坚行动，突出重点生态环境问题整改，构筑"1km、5km、15km"分级管控体系，持续推进"禁新建、减存量、关污源、进园区、建新绿、纳统管、强机制"七大行动，加快推进淮河（安徽）生态经济带绿化、美化、生态化。强化"散乱污"企业综合整治，建立企业动态管理机制，坚决杜绝"散乱污"企业项目建设和已取缔企业异地转移、死灰复燃，定期开展"回头看"督查，巩固综合整治成果。综合运用法律、经济、科技等手段，促使一批能耗、环保、安全、技术不达标和生产不合格产品或淘汰类产能依法依规关停退出。鼓励企业通过主动压减、兼并重组、转型转产、搬迁改造、国际产能合作等途径，退出过剩产能。加强重点行业脱硫、脱硝、除尘设施运行监管，鼓励企业实施超低排放改造，推广多污染物协同控制技术。大力推进煤炭消费减量替代，开展燃煤锅炉综合整治，加快淘汰排放高、污染重的煤电机组，依法严禁秸秆露天焚烧。坚持水资源、水生态、水环境、水灾害统筹治理，严格落实水产种质资源保护区和自然保护区全面禁捕措施。推进船舶和港口污染防治，加快现有船舶达标改造，提高对含油污水、化学品洗舱水等的处置能力。强化城镇污水处理厂除磷脱氮工艺改造，大力推进乡镇污水处理设施建设。加强秸秆、农膜、农产品加工剩余物和畜禽养殖废弃物等资源化综合利用，扎实推进农药使用量和化肥使用量零增长行动，大力推广科学安全用药和有机养分替代化肥技术，加快推进农膜回收行动。实施畜禽粪污资源化利用提升工程，开展畜禽粪肥还田利用，提升规模养殖场设施装备配套率和畜禽粪污综合利用率。鼓励开发秸秆收储 App、云端等信息产品，加快推进秸秆收储体系网络化、智慧化建设。

建设沿淮生态屏障。建设生态大走廊，开展林业增绿增效行动，以人工造林为主，多树种配置，建设覆盖淮河干流和主要支流的生态走廊。加强城西湖、城东湖、瓦埠湖、女山湖等沿淮湖泊湿地生态保护，推进引江济淮工程沿线生态建设，提高生态净化能力和涵养功能。加强八里河、皇甫山、天马等一批自然保护区建设。持续推进农田、骨干道路林网建设，加快石质山造林绿化，强化森林管护，提高森林覆盖率，构建稳固的区域生态屏障。完善城市生态网络，推进森林城市（镇）、森林村庄、森林长廊和园林绿化建设，支持创建国家森林城市。

强化大别山生态保育。加强大别山六大水库水源地生态保护，实施天然林保护、水源涵养、水土保持、坡耕地水土流失综合治理等建设工程。开展森林抚育和低产低效林改造，推广优良乡土树种造林、补绿扩带，实施大别山森林防火、有害生物防治、湿地保护与恢复、自然保护区建设等工程。加强大别山五针松、霍山石斛、银缕梅等野生植物极小种群保护，建立极小种群野生植物种质资源保护区和原物种就地保护基地，保护典型生态系统、物种、基因和景观的多样性。

加强生态修复。实施河湖沟通、干支流闸坝调控、河湖生态补水、淮北地区深层地下水限采等措施，增加重要湿地和河湖生态水量，推动河湖生态修复与综合治理。实施退耕还湿、天然植被恢复、湿地保护与修复等工程，加强集中连片、破碎化严重、功能退化的自然湿地修复和综合整治，杜绝围垦和填埋湿地，因地制宜实施人工湿地水质净化工程。开展资源型城市生态修复，加强两淮矿区沉陷区综合治理，强化煤矿开采准入和事中事后监管，分类落实治理主体责任，分区探索综合治理路径，创新治理模式和投入机制，切实改善采煤沉陷区生产生活条件。开展退化林修复，推进沿岸码头、废弃厂矿及堆积地、现有林地中的"天窗"、裸露地等生态复绿。

推进矿山恢复治理。坚持"节约优先、保护优先、自然恢复为主"的方针，依法有序推进新建露天矿山开采，严禁在自然保护区、风景名胜区、地质公园等禁止开采区域内新设矿权。加强责任主体灭失的露天矿山绿化修复，减少扬尘污染，加大露天开采砂石土矿山资源整合力度，切实减少砂石土矿山总数。完善分地域、分行业绿色矿产建设标准，严格资源开发准入和监管，实现资源综合利用和废弃物循环利用。转变矿山发展方式，积极推进国家级绿色矿山试点，实现矿山开采科学化、资源利用高效化、生产工艺环保化、矿山环境生态化。

推进水资源保护和利用。加强水资源保护，严格水功能区监管，落实水功能区限制纳污总量控制要求。深入开展淮河入河排污口规范整治专项行动，全面排查整治入河排污口及不达标水体。加强干流、重要支流控制断面水质监测，提升水质监测预警能力。全面落实最严格水资源管理制度，探索建立满足淮河生态基本需求的水量保障机制和流域横向生态补偿试点。以淮北地区为重点，严控地下水超采，加强地下水资源涵养和保护。加强饮用水水源地规范化建设和管理，确保县级及以上集中式饮用水水源地水质全部达到国家规定标准。强化节水考核管理，大力推进农业、工业、城镇节水，建设节水型社会。加强淮河干流岸线保护和开发利用，实行规划岸线分区管理，加大保护区和保留区岸线保护力度。提升开发利用区岸线使用效率，合理安排沿河生态、工业、农业、旅游、港口、通道、取排水、市政八类岸线。

加快重点水利工程建设。加快推进进一步治淮工程，实施淮河干流行蓄洪区调整和建设工程、重点平原洼地治理、堤防达标建设和河道治理、居民迁建等重点项目。加强防洪薄弱环节建设，加快实施主要支流和中小河流治理、重点区域排涝、山洪灾害防治、水库水闸除险加固、重点湖泊防洪综合治理等工程。加快引江济淮、江巷水库等工程建设，充分发挥淮水北调工程效益。有序推进引江济淮二期、临淮岗枢纽综合利用、驷马山滁州四级站干渠，江巷水库、怀洪新河等大型灌区，崔家湾、靠山等新建中型水库工程前期工作。协同推进淮河干流入洪泽湖治理工程建设。持续推进沿淮湖泊洪水资源利用、采煤沉陷区蓄滞综合利用等前期研究。积极谋划淮河治理的尾闾畅通、水系连通、区域排涝、安全发展、蓄洪滞洪、系统调度"六大工程"。统筹推进骨干水源、水资源调配、应急备用水源、管网互联互通等工程建设，加快城市应急备用水源、抗旱水源等工程建设，提高水资源保障能力。

2. 完善基础设施网络

建设高速铁路网。建设合肥—新沂、沿淮等高铁，构建以阜阳、蚌埠为枢纽，以淮北、亳州、宿州、淮南、滁州、六安为节点，连接京津冀，通达沪苏浙、中原经济区的高速铁路网。建设淮北—宿州—蚌埠、阜阳—蒙城—淮北、蚌埠—滁州—南京、合肥—新桥机场—六安城际铁路，开展安康（襄阳）—合肥高铁、合肥—六安—金寨市域（郊）铁路等规划研究，完善区域内互联互通快速铁路网，扩大快速铁路覆盖面。完成既有铁路扩能改造，提升铁路网整体能力和效率，打造运输方便快捷、服务高效多元的现代铁路交通体系。

优化公路运输网络。加快实施高速公路网扩容、国省干线公路提级、农村公路扩面延伸工程，打造以高速公路为骨架、国省干线和农村公路为支撑的公路运输网，谋划推动跨淮河综合交通通道建设，提升域内域外互联互通能力。加快蚌埠—五河、合肥—周口高速寿县（保义）—颍上（南照）—临泉段、徐州—淮北—阜阳、阜阳—淮滨、宣商高速合肥—霍山—皖豫界段、沪蓉高速天堂寨支线等高速公路网络化建设，有序推进 G40 沪陕、G36 宁洛、G30 连霍等繁忙路段扩容改造，加快建设固镇—蚌埠等高速公路，全面实现"县县通高速"，提升县域高速公路通达深度和广度。优先建设国省干线市际瓶颈路段，提高技术等级和安全服务水平，提升通行能力。加快联通"省际断头路"。加快资源开发路、旅游景区路、山区扶贫路建设。

建设淮河水道。加强淮河干流及重要支流、引江济淮等高等级航道建设，消除"断头航道"，强化淮河通江达海能力。实施浍河、涡河等省内重点航道整治工程，改善沙颍河、泉河、新汴河、窑河—高塘湖、茨淮新河等航道通航条件，提升蚌埠淮河航运枢纽功能，研究淮南淮河航运枢纽建设，协同周边省市争取尽快打通淮河直接入海航道，构建淮河流域通江达海水运交通网。加强淮河流域港口基础设施建设，实现区域内港口与内河航道协调发展。统筹整合港口资源，加强港口集疏运配套设施建设，加快建设功能互补、联动发展的港口群。

推进交通枢纽建设。加强铁路、公路、水运、民航的有机衔接，发展多式联运，提高交通运输体系的运行效率。推进蚌埠全国性、阜阳区域性综合交通枢纽及淮北、亳州、宿州地区性综合交通枢纽建设，规划建设一批重点铁路、公路、港口、机场枢纽场站和若干物流综合枢纽、区域性物流中心，完善货运枢纽集疏运功能，建设能力匹配的铁路、公路连接线和换装设施，形成便捷高效的枢纽体系。支持具备条件的城市有序发展城市轨道交通。完善机场布局，加快民航机场发展，新建蚌埠、亳州、宿州、金寨民航机场，实施阜阳机场改扩建，加快形成淮河生态经济带航空网络体系。根据全省通用机场布局规划，结合区域国防安全、应急救援和公务航空需要，科学有序推进通用机场建设。

构建现代信息网络。加快5G、人工智能、工业互联网、物联网等新型信息基础设施建设。加快建设宿州量子通信技术应用基地和数据支撑平台。加强信息通信网络核心交换能力，与相关区域协同开展新一代移动通信网络等信息基础设施建设。建立淮河生态经济带安徽数据中心，利用传感与射频识别、全球定位系统和云智能等技术实施智能环境监测，对排污企业和大气、土壤等状况实时监控。协同推进阜阳、亳州、淮北、六安等地"智慧城市"试点和"智慧园区"建设。加强网络与信息安全管理，强化关键信息设施和信息资源安全防护，建立完善网络信息安全和容灾备份应急体系。

3. 打造现代产业体系

培育壮大战略性新兴产业。打造战略性新兴产业基地。全面落实《关于推进重大新兴产业基地高质量发展若干措施的通知》和《重大新兴产业基地新三年（2019—2021年）建设规划》，实施"新产业＋新基建"发展模式，推动战略性新兴产业集聚发展，加快建设蚌埠硅基新材料和生物基新材料、阜阳现代医药、亳州现代中药、淮北陶铝新材料和铝基高端金属材料、淮南大数据、宿州云计算、六安高端装备基础零部件、滁州智能家电产业集聚发展基地。支持有条件的县（市）建设和申报省级重大新兴产业基地。重点培育发展新一代信息技术、人工智能、新能源和智能网联汽车、智能制造、现代家电、新材料、节能环保、生命健康、绿色食品、文化旅游等十大新兴产业，大力培育未来产业，强化龙头带动，增强创新能力，完善产业配套，促进集群集聚发展。围绕物联网、机器人及自动化系统、生命健康、新能源、新材料等前沿领域，建设工业互联网平台。高水平建设中印国际医药合作试验区。

推进产业技术创新。强化创新能力建设，合力打造科技创新共同体。着力下好创新"先手棋"，统筹推进"四个一"（"一中心"，指合肥综合性国家科学中心；"一城"，指合肥滨湖科学城；"一区"，指芜蚌国家自主创新示范区；"一省"，指系统推进全面创新改革试验省）创新主平台和

"一室一中心"（安徽省实验室和安徽省技术创新中心）分平台建设，提高关键领域自主创新能力，打造创新型现代产业体系。鼓励各地整合创新资源，围绕生态环保、生物科技、新能源、新材料、装备制造等重点领域，建立多主体合作、多学科交融、多团队协作的协同创新体，构建政产学研联合、上下游联通、跨界融合的开放创新网络。支持区域内有条件的企业、高校、科研院所建设省级工程（技术）研究中心、工程（重点）实验室、企业技术中心等。支持符合条件的县（市）充分利用合芜蚌国家自主创新示范区平台，争创国家级创新型城市、创新型县（市）。强化与合肥综合性国家科学中心、滨湖科学城对接，依托中国科学技术大学先进技术研究院、中科院合肥技术创新院等产业创新转化平台，推动科技成果转化。实施"皖企登云"行动计划，加快推进"互联网+"，大力发展智能产业，拓展智能生活。鼓励各类企业利用云计算、大数据、物联网等新一代信息技术，推动产业组织、商业模式、供应链、物流链创新。推动基于互联网的商务、就业、医疗、养老、教育、交通、旅游、气象、体育和金融等领域服务创新。实施创新企业百强计划，打造一批引领产业高端发展的创新型龙头企业。

提升传统优势产业。大力实施制造强省战略，推动云计算、大数据、物联网等新一代信息技术与传统制造业深度融合，推动制造业加速向数字化、网络化、智能化发展，提高产业链供应链稳定性和现代化水平。依托龙头企业，以汽车及零部件、装备制造、新材料、煤化工、食品医药等主导产业为重点，做长产业链条，做强产品品牌，构建产业配套协作体系，提升市场竞争力。加快建设两淮新型煤化工基地、淮北绿色有机食品产业基地、亳州食品制造与农产品加工基地、宿州鞋服制造产业基地、蚌埠精细化工基地、阜阳载货汽车产业基地、淮南煤机装备制造和重卡车专用车基地、六安汽车零部件及电机生产制造基地、滁州定远盐化工基地等。建设实施质量品牌升级工程，增品种，提品质，创品牌，加快推进出口商品质量安全示范区建设。

大力发展现代农业。进一步夯实农业生产能力基础。加快建设长三角绿色农产品生产加工供应基地，落实永久基本农田保护目标任务，推进粮食生产功能区、重要农产品生产保护区建设，打造优质专用粮食生产基地，积极争取建设新一轮国家农高区，以及全国重要的设施蔬菜、特色水果和中药材生产绿色基地。建设宿州埇桥区、濉溪县、萧县等区域性良种繁育基地和淮河以北地区旱作新品种展示示范园区。持续推进农田水利、土地整治和高标准农田建设，实施沿淮流域洼地治理工程和全省农田水利"最后一公里"建设五年行动计划。深入推进种植业提质增效工程，推进良种良法配套、农机农艺融合。坚决扛稳粮食安全责任，进一步完善粮食主产区利益补偿机制，提高粮食生产效益。探索实施耕地轮作休耕制度试点，深化粮食收储制度改革。

培育壮大服务业。着力发展生产性服务业，围绕主导产业，重点发展现代物流、现代金融、科技服务、商务服务、电子商务等生产性服务业，推动生产性服务业向专业化和价值链高端延伸。加快建设六安传化信实公路港集聚区、淮北源创客孵化产业园、淮南寿县"互联网＋"产业园、亳州青年创客空间、宿州高新区信息产业园等省级现代服务业集聚区，积极争创省级现代服务业集聚示范园区。加快物流通道和物流园建设，推进物流公共信息平台和货物配载中心建设，加快物流装备与设施现代化，大力推进蚌埠、阜阳国家物流枢纽载体城市建设，深入推进蚌埠（皖北）保税物流中心建设，支持建设阜阳华源现代医药物流园。鼓励农村商业银行增资扩股和上市挂牌，引导金融机构加大对淮河生态经济带发展支持力度。创新投融资方式，有效运作省现代服务业产业基金，鼓励和引导社会资本发展生产性服务业。

提高生活性服务业品质。顺应传统消费扩张和升级趋势，重点发展健康养老、家政服务、教育培训、文化创意等生活性服务业，提高服务质量，促进向便利化、精细化和高品质转变。完善老工业基地扶持政策，鼓励利用工业用房、仓储用房等兴办生活性服务业。鼓励发展针对个性化需求的定制服务，促进专业化、规模化和网络化发展。充分发挥区域内中医药和养生文化资源优势，构建医疗保健、康复养老产业链，支持有条件的县（市）加快建设康养产业示范区。加快亳州市健康医药服务中心建设。

促进旅游业联动发展。重点发展生态旅游、文化旅游、红色旅游、工业旅游、休闲旅游、研学旅游，推进旅游业与文化、商业、医疗、教育、体育、农业、工业等产业融合发展，培育旅游新兴业态。建设以淮河风情体验、八公山楚汉文化、亳州中医药养生、大别山红色文化为特色的主题旅游区，建设区域性特色文化旅游目的地。加快推进与长三角地区旅游服务标准对接、设施互联，积极发展"旅游+"，共同打造高品质的休闲度假旅游区和世界闻名的东方度假胜地。探索以社会保障卡为载体建立居民服务"一卡通"，在交通出行、旅游观光、文化体验等方面率先实现"同城待遇"。加强与淮河生态经济带省外其他区域合作，协同开发特色旅游产品，共同推出若干精品旅游线路，进一步提升淮河旅游的知名度和影响力。进一步加大旅游服务设施投入，提高旅游接待能力和服务水平。推进旅游信息服务平台和电子商务平台共建共享，提升旅游信息化、数字化水平。实施全域旅游发展战略。

4. 推进乡村振兴

提升农业发展质量。实施安徽省质量兴农战略，加快农业绿色化、优质化、特色化、品牌化发展，推动农业由增产导向转向提质导向。推进中国特色农产品优势区创建，建设现代农业产业园、农业科技园，创建国家农业高新技术产业示范区。实施产业兴村强县行动，推行标准化生产，保护地理标志农产品。实施特色优势农产品出口提升行动，扩大茶叶、中药材、羽绒制品、柳编、脱水蔬菜、黄桃罐头等农产品出口，打造一批以特色创汇为重点的出口农产品生产基地。实施食品安全战略，完善农产品质量和食品安全标准体系，加强农业投入品和农产品质量安全追溯体系建设，健全农产品质量和食品安全监管体制，重点提高基层监管能力。实施"互联网+"现代农业行动计划，深入开展农产品电子商务示范工程。积极开发农业多种功能，推进与旅游、教育、文化、健康养老等产业深度融合。

构建现代农业产业体系。深化农业供给侧结构性改革，科学调整农业产业结构，强化农业科技和装备支撑，促进农村三产融合发展，提高农业质量效益和竞争力。大力实施产业兴村强县行动，打造一村（镇）一品发展新格局。积极发展林下经济，推进农林复合经营，建设一批高端品牌蔬菜、水果生产基地。加快亳州市谯城区、阜阳市临泉县国家农村产业融合发展试点示范县和淮北市相山区凤凰山国家农村产业融合发展示范园、阜阳市颍上县国家农业可持续发展试验示范区、六安市金寨县国家现代农业产业园区建设，加快推进滁州市全椒县大墅龙山、六安市舒城县桃溪国家农村产业融合发展示范园创建。实施新型农业经营主体培育工程，培育一批引领行业发展的龙头企业和领军企业。

5. 构建协调发展的城镇格局

提升中心城市功能品质。培育区域中心城市，发挥交通区位、产业基础、人口规模等优势，进一步提升中心城市综合承载能力。以优化城市形态、提升现代服务功能为重点，推动中心城区产业高端化和功能现代化，增强辐射带动能力。支持蚌埠、阜阳建设淮河生态经济带区域中心城市。加快阜阳区域重点城市建设，使之成为带动皖北、支撑中原城市群发展的重要增长极。支持滁州建设连接合肥都市圈与南京都市圈的地区性中心城市、六安建设大别山区域的重要中心城市、亳州建设辐射皖豫交界区域的新兴中心城市、宿州建设苏鲁豫皖四省交界区域的新兴中心城市。支持淮南、淮北建设蚌淮（南）、宿淮（北）城市组群的中心城市。加快产城融合发展，推动位于中心城区、工业比重低的开发区向城市综合功能区转型。

促进城市组团发展。加强各城市间分工合作和协同发展，推进交通链接、产业融合、功能互补、生态共建。建设蚌淮（南）、宿淮（北）城市组群，实现蚌埠—淮南、宿州—淮北联动发展。加快合淮（南）、合滁、合六一体化发展。积极推进亳州—阜阳—六安沿京九线城镇发展轴、淮北—宿州—蚌埠—淮南—滁州沿京沪线城镇发展轴建设。

支持资源型城市转型发展。坚持绿色发展、循环发展、低碳发展，推进资源型城市由单一的资源型经济向多元经济转型升级，实现资源开发与城市发展的良性互动。聚焦发展短板，以化解过剩产能、培育壮大接续替代产业、完善城市功能、修复生态环境、保障改善民生为着力点，分类引导、培育资源型城市发展新动能。提高淮北市资源枯竭城市转型发展质量，促进亳州、宿州、淮南、滁州市等资源富集地区创新发展。继续推进淮北市濉溪县和杜集区全国重点采煤沉陷区综合治理试点和宿州市埇桥区独立工矿区改造搬迁试点建设。加快淮北、蚌埠、淮南等老工业基地更新改造，促进产业升级。

积极推进以县城为重要载体的新型城镇化建设。开展城乡融合发展先行先试。建立健全城乡融合发展体制机制和政策体系，坚决破除体制机制弊端，使市场在资源配置中起决定性作用，更好发挥政府作用，推动城乡要素自由流动、平等交换，推动新型工业化、信息化、城镇化、农业现代化同步发展，加快形成工农互促、城乡互补、全面融合、共同繁荣的新型工农城乡关系。全面推进农村社区建设，在完善农村社区共建共享机制、健全农村基层综合服务管理平台等方面开展试点。

有序推进农业转移人口市民化。建立健全农业转移人口市民化激励机制、进城落户农民农村"三权"维护和自愿有偿退出机制，落实各项改革措施，依法制定相关配套政策。全面实行居住证制度，全面放开城镇落户限制，促进有能力在城镇稳定就业和生活的农业转移人口举家进城落户。稳步推进城镇基本公共服务常住人口全覆盖，保障农业转移人口合法权益。加快农村产业转型发展，支持发展乡村旅游、农村养老、农产品初加工、农村电商等产业，有序引导农民就地就近转移就业。创新和完善人口服务与管理制度，促进人口有序流动，推进跨区域农业转移人口市民化。

建设一批特色小镇。立足产业特而强、功能聚而合、形态小而美、机制新而活，把培育成长性好的特色产业放在首位，培育建设一批特色小镇。高水平开展规划建设和形象设计，强化资金、土地、人才、先行先试权等政策支持，打造创新创业人才集聚区和新的经济增长点。支持省级特色小镇发挥引领示范作用，支持继续创建省级特色小镇。

6. 提升开放合作水平

加快开放平台建设。把握机遇积极参与"一带一路"国际合作，推动优质产能和装备走向世界大舞台、国际大市场，把品牌和技术打出去。争取淮河流域口岸比照实施上海等自贸区政策。在基础设施互联互通、通关一体化、产业配套协作等方面，加强与陇海兰新铁路沿线城市合作，积极参与新亚欧大陆桥经济走廊建设，提升"合新欧"班列功能。提升各级开发区的开放水平，推进阜阳、蚌埠、淮南、亳州等内河港口二类口岸建设，加快蚌埠临港经济区建设，构建高水平对外开放平台，形成与国际投资、贸易通行规则相衔接的制度体系，全面提升淮河（安徽）生态经济带开放型经济水平。继续推进南北合作共建园区建设，积聚创新资源，促进要素集聚，提高承载能力。

加强淮河生态经济带区域合作。加强经济带产业合作，着力推动与苏鲁豫鄂交界地区联动发展，打造省际协同合作示范样板。加快建立区域污染联防联控机制和跨界水污染纠纷协作处置机制，从源头上预防、控制和处置跨界水污染纠纷。推动安徽财经大学、蚌埠医学院等高校与淮安、扬州、徐州等地高校开展科技创新、教育教学等方面的交流与合作。拓展区域内人力资源交流合作，整合公共就业和人才服务信息平台，建立淮河流域一体化人力资源市场，完善公共就业、人才服务体系，促进人力资源合理流动和有效配置。

三、山东省建设方案

（一）加强区域生态环境保护联防联控

1. 筑牢生态安全屏障

积极推进沂沭泗河生态走廊建设，实施黄河滩区、明清黄河故道等生态综合治理，开展大沂河、大沭河、南四湖、台儿庄运河湿地、双龙湖湿地等生态保护与修复。加强南水北调东线工程综合治理，保障南水北调水质稳定达标。

打造沂沭泗河、南四湖等水源涵养林，强化沂山、蒙山、尼山等天然林资源保护、封山育林工作。建设济宁全国生态保护与建设示范区、临沂大蒙山生态试验区。开展矿山生态恢复治理，重点抓好济宁、菏泽等市重点采煤塌陷区，济宁邹城等独立工矿区治理及微山县地质环境整治、矿山修复。

实行最严格的水资源管理制度，开展相关区域地下水超采区综合整治。完善河长制、湖长制，严格执行河道（湖泊）岸线利用管理规划，科学合理利用河湖岸线。坚持以水定城、以水定产，开展水资源消耗总量和强度双控行动。

2. 着力解决环境突出问题

打好污染防治攻坚战，实施流域环境综合治理，持续推进十大重点行业专项整治，重点加强南水北调东线等水污染防治；持续推进工业污染源提标改造和挥发性有机物深度治理；以济宁市为重点，加强对区域空气污染物排放协同控制；有序开展污染土壤治理与修复试点，对重要粮食生产区域周边的工矿企业实施重金属排放总量控制；制定流域农业面源污染防治综合方案，建立农业面源污染监测体系。

3. 建立跨区域环境保护机制

健全完善鲁苏、鲁皖边界环保联席会议制度。建立鲁豫环境保护联防联控机制。完善鲁苏豫皖边界县（市）跨界污染纠纷协调处理、环境监测设备及应急资源共享等机制。探索建立南四湖生态环境保护长效机制，完善南四湖管理机制。

（二）加快区域基础设施网络化建设

1. 打造立体交通网络

推进京杭运河主航道升级改造、湖西航道整治、张家港复线船闸工程、施桥三线船闸工程建设，加快新万福河、白马河等支线航道建设。重点建设济宁主城港区跃进沟作业区物流园码头一期、微山港区留庄作业区、枣庄港峄城港区魏家沟作业区、菏泽新万福河沿线港区等内河港口。

加快鲁南高铁、雄商高铁山东段、京沪高铁二通道山东段、莱芜—鲁南高铁等项目建设。推进济南—泰安—枣庄—徐州旅游通道、临沂—连云港、枣庄—临沂、菏泽—徐州、济南—济宁、滨州—临沂（滨州—淄博—莱芜段）等铁路规划建设。加快京沪高速公路莱芜—临沂段改扩建、京台高速公路泰安—枣庄段改扩建、枣菏高速、新台高速、岚罗高速等公路工程建设。推进德州—郓城、临淄—临沂、临沂—滕州、济南—微山等高速公路前期工作。推动临淄—临沂南延至鲁苏界段、临沂—徐州、单县—沛县等高速公路研究工作。加快菏泽牡丹机场、枣庄机场建设，推进临沂机场改扩建、济宁曲阜机场迁建。

加快推进日照—濮阳—洛阳原油管线（日照—菏泽）建设，新建山东管网南干线（菏泽—临沂）、山东管网西干线（济宁—泰安）天然气管线等工程，完善管道运输网络。

2. 完善水利基础设施

加快淮河行蓄洪区建设，实施大中型水库增容和大中型病险水闸及橡胶坝除险加固工程，完成重点平原洼地南四湖片、沿运片和邳苍郯新片等治理工程。实施沂沭河洪水资源利用、尼山世界文明论坛配套提升工程水生态修复与治理等工程。

3. 完善数字基础设施

依托济宁市国家级北斗产业化应用示范基地，完善域内北斗系统地面增强网络基础设施。加快第五代移动通信（5G）商用部署，推动与中原经济区、皖江城市带、苏北开展新一代移动通信网络协同建设。推动淮河生态经济带数据资源应用，协同推进枣庄、济宁、临沂、菏泽等"新型智慧城市"建设。

（三）推动区域产业协同发展

1. 大力发展新兴产业集群

发挥山东省信息技术产业基地、山东大数据产业聚集区作用，依托枣庄国家互联网数据中心、济宁华为大数据中心、临沂国家中印科技国际创新园、菏泽大数据产业城等，积极引进前沿信息产业，加强大数据应用，培育数字经济等新业态，建设全国重要的区域性大数据应用发展平台聚集高地。

依托工程机械行业龙头企业，借助济宁华为数据中心建设工程机械产业工业云，支持成立区域产业联盟，推动开展跨区域产业链整合协同，建设有重要影响力的工程机械产业集群。

依托济宁生物技术产业基地、临沂罗欣科技创新园区、山东步长医药城等，聚焦生物制药、现代中药、基因检测等领域，推动创新链、产业链协调重构，打造区域性创新型生物医药产业集群。

2. 打造农产品供应核心区

充分发挥菏泽等市商品粮基地优势，建设高标准农田，发展规模化高效节水灌溉，完善粮食主产区利益补偿机制，建设区域性粮食良种繁育基地。依托枣庄国家农业可持续发展试验示范区和济宁、临沂、菏泽国家农业科技园区，实施特色农产品优势区创建、农业"新六产"（现代农业越来越呈现出一、二、三次产业相加相连、融合发展的特征，呈现出附加值增加、价值链相乘、综合效益大幅提高的特征，因 1+2+3=6，$1 \times 2 \times 3=6$，所以把这种现代农业的产业业态叫作农业的六次产业）示范、农业质量品牌提升等工程。

3.增强产业协同创新能力

健全完善区域产业创新链，支持区域内重点企业联合曲阜师范大学、齐鲁工业大学（菏泽校区）和枣庄浙江大学山东工研院、济宁中科先进技术研究院、临沂科学技术合作与应用研究院、菏泽牡丹产业研究院等高校院所，共同建设大学科技园、科教创新示范园、开放式公共服务平台等科技创新平台，加快建设济宁国家创新型城市、菏泽医药研发协同创新基地，积极创建枣庄国家可持续发展议程创新示范区。

参与编制实施淮河生态经济带产业转移指南和产业准入负面清单。推动与邻边省级以上开发区全方位合作和联合创新，协力打造优势产业集群和品牌。

（四）统筹城乡一体化发展

1.促进大中小城市组团联动发展

支持枣庄建设京沪廊道上的创新转化基地、鲁南地区枢纽门户、淮海经济区新经济高地，济宁建设淮河生态经济带区域中心城市、河湖生态宜居城市、历史文化名城，临沂打造鲁南苏北区域性中心城市，菏泽打造"中国牡丹城"、鲁苏豫皖4省交界的区域性中心城市。支持具备条件的县有序改市。积极打造济宁尼山国家级特色小镇、曲阜市文化国际慢城特色小镇、临沂朱家林创意小镇、菏泽金山文旅特色小镇、郓城水浒文旅小镇等一批特色小镇。

密切与淮海经济区城市的合作关系，重点加强规划统筹和产业协作，推进基础设施和产业园区共建，促进区域互联互通和联动发展。

2.加快推进城乡融合发展

深化户籍等制度改革，强化政策落地，加快农业转移人口市民化。推进农村社区建设，拓展农村社区就业社保、医疗卫生、民政事务、综治警务、环境养护等功能，打造一站式综合服务平台。

统筹城乡基础设施建设，推进水电路气等基础设施城乡联网、共建共享。提升农村饮水安全保障水平，建立健全户集、村收、镇运、县处理的城乡环卫一体化处理体系，基本完成农村无害化卫生厕所改造任务。

（五）共建双向开放新格局

1. 打造对外开放平台

依托"齐鲁号"欧亚货运班列、机场及内河港口，积极发展多式联运，推动空港、港航融合，加快建设临沂、菏泽等区域性物流中心，构筑"一带一路"物流大通道。

加快推进青岛保税港区菏泽功能区建设，推动设立济宁综合保税区，支持枣庄、菏泽市申建综合保税区。

2. 拓展国际经贸合作

深入推进招商引资、招才引智，参与举办儒商大会、尼山世界文明论坛、香港山东周等重大活动，重点推动大型工程机械、特高压电气装备、汽车制造、轻纺、石化等行业交流合作。加快布局海外临沂商城、海外仓、海外营销点等，支持临沂市建设"一带一路"综合试验区。

3. 深化国内区域合作

积极对接长江经济带、京津冀协同发展、中原城市群等国家区域战略，深度参与产业分工与协作，主动承接高端产业、科技人才等要素辐射。加强与东北等老工业基地合作交流，探索国有企业改革等体制机制创新，促进济宁、枣庄等资源型城市转型发展。

第五节　节点城市概况

淮河流域发展的核心节点在于城市，此处的分析对象选定为淮河干流主要地区，共包括南阳、信阳、阜阳、六安、淮南、蚌埠、滁州、淮安、盐城等9个节点城市。

一、南阳市概况

南阳市，位于河南省西南部，豫鄂陕三省交界处，为三面环山、南部开口的盆地，地处伏牛山以南，汉水以北。全市现辖2个行政区、4个开发区、10个县。总面积2.66万 km²，在河南省18个省辖市中面积最大、人口最多。

南阳处于亚热带向暖温带过渡地带，属典型的季风大陆半湿润气候，四季分明，阳光充足，雨量充沛。南阳是河南省河网比较密集的地区之一，是南水北调中线工程水源地和渠首所在地，市内河流众多，分属长江、淮河、黄河三大水系。长江水系汉水流域的唐河、白河水系最大，支流较多，水资源丰富，丹江水系次之。全市主要河流有丹江、唐河、白河、淮河、湍河、刁河、灌河等，长度在100km以上的河流有10条，可供开采量约8.58亿 m^3。全市水资源总量70.35亿 m^3。水储量、亩均水量及人均水量均居全省第一位。

南阳地处全国第二级地貌台阶向第三级台阶过渡的边坡上，西、北、东三面环山，是一个向南开口的马蹄形盆地。海拔在2212.5m（西峡县犄角尖）至72.2m（新野县沙堰）之间。

南阳是林业大市，全市2019年营造林7.94万 hm^2，其中人工造林3.71万 hm^2。重点地区防护林工程8000 hm^2，天然林保护工程2.53万 hm^2。森林公园13个，其中国家级森林公园2个，森林覆盖率40.51%（不含直管县）。

南阳素有"中州粮仓"之称。粮食作物主要有小麦、玉米、红薯、大豆、水稻等；经济作物主要有棉花、花生、芝麻、烟叶、蔬菜、瓜类、中药材等。

南阳是中国矿产品最为密集的地区之一。已发现有价值的各类矿床矿点468处，其中储量大、品位高的大型矿床42处，中型矿床41处。截至2019年末，全市已发现的矿种有85种，已查明资源储量的矿种有46种，已开发利用的矿种有46种，其中能源矿产2种，金属矿产22种，非金属矿产22种。主要矿产资源中，矽线石、石墨、独山玉、银矿、铜矿储量居全省首位；金矿、石油储量居全省第二位；水泥用配料黏土和大理岩、水泥灰岩、冶金石英岩、玻璃用脉石英、饰面用大理岩，以及铅、锌等储量位居河南省前列；南阳独玉系中国四大名玉之一。

南阳是全国文明城市、国家创新型试点城市、国家智慧城市试点、"宽带中国"示范市，也是河南省委、省政府确定的全国性综合交通枢纽和新兴区域经济中心。南阳承东启西、连南贯北，交通便利，区位优越。焦枝铁路纵贯南北，宁西铁路横穿东西，宁西铁路二线已建成通车，经过多年来的不懈努力，郑万高铁开通，南阳已经进入"高铁时代"。南阳境内二广、兰南、商南、沪陕高速四通八达，南阳市所有县（区）基本实现了通高速公路的目标，实现与洛阳、商洛、驻马店、襄阳、十堰等八个方向的高速公路直连直通。所有县市 3km 范围内均有普通干线公路覆盖，10min 可驶入干线公路，基本实现所有县（区）通国道，所有乡（镇）通省道。南阳唐河与白河港为全省主要客运内河港，与长江、汉江相通。南阳姜营机场是河南三大民用飞机场之一，为百万级客流机场。南阳公、铁、空、水立体交通运输格局基本建立。通过拓展完善公路、铁路、航空现代立体交通支撑体系，形成"一体两翼、两圈两轴四极"发展新格局。"一体二翼"的"一体"是指中心城区，"二翼"是指鸭河工业区和官庄工业区；"两圈两轴四极"的"两圈"是指中心城区一体化发展圈和以方城县、南召县、内乡县、新野县为主体的中心城区紧密协作圈，"两轴"是指许平南襄、沪陕高速公路两个十字形重要通道为市域城镇与产业发展的郑渝发展轴和沪陕发展轴，"四极"是指邓州、桐柏、西峡、淅川县城。

南阳是国家较早命名的历史文化名城，是楚文化的发祥地之一和汉文化的代表地之一。南阳有全国重点文物保护单位 13 处，省级文物保护单位 94 处。伏牛山为世界地质公园，淮河发源地是桐柏山，中国革命根据地之一。

根据第四次全国经济普查结果，经过对 2018 年生产总值初步核算数的修订，修订后的 2018 年全市生产总值为 3500.56 亿元，其中，第一产业增加值 535.96 亿元，第二产业增加值 1177.24 亿元，第三产业增加值 1787.36 亿元，三次产业结构为 15.3 ：33.6 ：51.1。

二、信阳市概况

信阳地处鄂豫皖三省交界处，是我国南北地理、气候过渡带和豫楚文化融合区。全市总面积 1.89 万 km²，人口 887.92 万人，辖 8 县 2 区及 6 个管理区、开发区。

信阳全市森林覆盖率达 42.19%，高于全国、全省 10 多个百分点；环境空气质量三项主要指标均居全省首位；拥有大、中、小水库 1116 座；境内有 2031 种野生动物和 2726 种高等植物。全市共有 A 级景区 45 家，其中 4A 级景区 14 家。"云中公园"鸡公山是国家级自然风景区和中国四大避暑胜地之一，"豫南明珠"南湾湖是国家级森林公园，全省单项投资最大的水库出山店水库被誉为"千里淮河第一坝"。信阳是全国少有的中心城区附近拥有两座大型水库的城市。

信阳承东启西、连南贯北，在300km半径范围内有郑州、武汉、合肥3个省会城市，是重要的区域性综合交通枢纽和现代物流枢纽。京广、京九、宁西3条铁路和京广高铁，京港澳、大广、淮固、沪陕、淮信5条高速，G106、G107、G220、G230、G312、G328这6条国道在境内形成多个十字交叉，实现"县县有国道、乡乡通干线、村村通硬化路"。淮河淮滨、固始港航运可通达上海。明港机场直飞北京、上海、广州、深圳、重庆、西安、昆明、杭州、成都、海口等16座城市，已经形成了覆盖城乡、内联外通、层次分明、高效安全的水陆空立体综合交通运输体系。

信阳是全国农村改革试验区，是《大别山革命老区振兴发展规划》确定的核心发展区域之一，是河南大别山革命老区加快振兴发展的重点支持地区；也是《淮河生态经济带发展规划》确定的区域中心城市之一。

信阳是物产丰富的资源宝地。信阳是中国毛尖之都，信阳毛尖是中国十大名茶之一，2017年被评为"中国十大茶叶区域公用品牌"，2020年信阳毛尖品牌价值达68.86亿元，稳居全国前三位。信阳是河南传统餐饮历史文化名城、河南茶筵之乡，信阳菜历经千年的积淀和发展，以鲜、香、爽、醇的独特味道著称，遍布16省56市，目前已推出60道省市地方标准信阳菜，在全国认定挂牌120家品牌示范店，品牌价值超300亿元。信阳盛产水稻、小麦、油茶、板栗、银杏、红黄麻等作物，粮食产量占全省的近1/10。信阳矿产资源丰富，珍珠岩、膨润土、沸石等非金属矿规模和矿石质量闻名于国内外。珍珠岩资源储量1.4亿t，膨润土资源储量5.1亿t，萤石矿资源储量179万t，钼矿资源储量65万t。

三、阜阳市概况

阜阳地区位于暖温带南缘，属暖温带半湿润季风气候，季风明显，四季分明，气候温和，雨量适中。由于阜阳地区南临淮河，而淮河以南属北亚热带湿润季风气候，因此阜阳地区气候具有以暖温带向北亚热带渐变的过渡带气候特征。阜阳市北部与黄河决口扇形地相连，南部与江淮丘岗区隔淮河相望，全境属平原地带，地势平坦。仅东北部有龙山、辉山、狼山、双锁山等石灰岩残丘分布，其中龙山海拔 105m，为全地区最高点；其余均属平原地貌，平坦舒展。阜阳市地势西北高而东南低，自西北向东南略有倾斜。东南以颍上县姜台子南部地势最低，海拔 17.5m。西北与东南相对落差为 14.4m，地面比降为 1/7000 至 1/10000。阜阳市近代受淮河及其支流蜿蜒切割变迁和黄河历次南泛的影响，境内冲积物不断交互堆积，形成了平原之中岗、坡、洼地相间分布，小区地形起伏跌宕，具有"大平小不平"的地貌特征。

阜阳市水资源比较丰富。水资源主要由自然降水、河道过境水和地下水构成。全地区年均降水 820 ~ 950mm，年均河道过境水径流量 38.22 亿 m³。多年平均条件下，50m 以上浅层地下水总量 69 亿 m³，水资源总量约为 96.52 亿 m³，可利用量约为 72.22 亿 m³，水供需比为 1.81：1。年均尚余水 33 亿 m³。

阜阳市境内河流均属淮河水系，主要自然河道从西往东依次有谷河、润河、泉河、颍河、茨河、西淝河等。这些河道大都源于黄河南岸平原，属原雨坡型河道，水源补给主要靠平原地区自然降水；其中只有洪、颍二河承受一定面积的山区来水，属山水型河道。阜阳市地下水资源丰富。浅层含水岩组有 2 个含水层，一层约在 5 ~ 20m，另一层约在 30 ~ 50m，均受古河道带发育控制。浅层地下水运动以垂直交替为主，侧向径流极其微弱，属入渗蒸发型。地下水水质较好，属碳酸盐淡水，矿化度 <1g/L，含盐度在 5mg/L 当量左右，含碱度 <4mg/L 当量，尚未受到人为污染，适宜作为饮用水和工农业生产用水。

阜阳市矿物已探明的有煤矿、铁矿、石灰岩矿和大理石矿。阜阳市在距今 2.7 亿年至 2.4 亿年的二叠纪形成浅海相—陆相砂页岩含煤构造，已探明地下煤矿储量为 46.93 亿 t，其中工业煤储量 9.56 亿 t。《2019 年阜阳市国民经济和社会发展统计公报》数据表明，年末累计探明资源储量 50.6 亿 t，集中分布在颍上县北部和颍东区东部，大部分为大型矿床。已探明铁矿 3 处，探明资源储量 2286.4 万 t。其中，颍上县陶坝铁矿探明资源储量 2065.6 万 t，颍上县王台子铁矿探明资源储量145.9万t，颍上县汪坝铁矿探明资源储量74.9万t。

阜阳近60km²的地下，还储有丰富的地热资源。太和县、阜南县已经开采利用的地热井，单井出水量为500t/d以上，水温可达40℃~50℃，并含有丰富的对人体有益的化合物和微量元素。

截至2019年，全年生产总值2705.0亿元，按可比价格计算，比上年增长9.0%。其中，第一产业增加值350.4亿元，增长3.5%；第二产业增加值1033.2亿元，增长10.3%；第三产业增加值1321.3亿元，增长9.6%。三次产业结构由上年的12.9∶38.4∶48.7调整为13.0∶38.2∶48.8。

四、六安市概况

六安地势西南高峻，东北低平，呈阶梯分布，形成山地、丘陵、平原三大自然区域。全市属于北亚热带向暖温带转换的过渡带，季风显著，四季分明，气候温和，雨量充沛，光照充足，无霜期长。全年日照1969~2337h，平均降雨量886~1600mm，平均气温14.6℃~15.6℃，梅雨季节一般在6—7月。在特定地域和气候条件的共同作用下，境内物产富集，矿产众多。

全市地表水总量为99.9亿m³，具有南多北少、年际变化较大、时空分布不均等特点。发源于河南省桐柏山区的淮河干流，从霍邱县临水镇入境，于寿县郝家圩出境，流经六安市长达125km，约占淮河总长度的12.5%。境内有淠河、史河、杭埠河等7条主要河流。通过对各县区降水、地下水、地表水等不同类型水资源总量进行测算，得出六安市水资源总量为92.77亿m³，产水系数为0.42。其中寿县水资源蕴藏量最高，为42.06亿m³；其次是金寨县，为26.24亿m³；霍山县、舒城县、霍邱县、裕安区、金安区、叶集的水资源总量依次为15.45亿m³、14.27亿m³、11.32亿m³、8.02亿m³、7.14亿m³和1.31亿m³，产水系数为0.33~0.52之间，以霍山县最高，为0.52；南部丰水区的金寨县、舒城县亦相对较高，为0.5、0.49；霍邱县最低，仅为0.33。

全市面积17976km²，占全省12.9%，分为大别山北坡山地、江淮丘陵、江淮岗地和平原圩畈4大单元。其中，中山占9.5%，低山占13.7%，丘陵占 16.5%，岗地占 22.4%，平原圩畈占 34.9%，另有 3% 的大水面。西南部山峦起伏，平均海拔 400m 以上，其中 1000m 以上的高峰 240 多座，大别山主峰白马尖位于霍山西南部，海拔 1774m；中部为丘陵、岗地，海拔一般为 30～200m，东部和北部为沿淮平原和杭丰圩畈区，是全市优质粮、油、棉的主要产区。江淮分水岭使境内形成了淮河、长江两大水系，淮河流域面积占总面积的 83%，长江流域面积占 17%。全市现有耕地 660 万亩，山地 1100 万亩，水面 351 万亩，土地类型有黄棕壤土、水稻土、潮土、砂姜黑土、山地草甸土等，其中水稻土占 36%。

截至 2019 年，实现地区生产总值 1620.1 亿元。按可比价格计算，比上年增长 8.4%。分产业看，第一产业增加值 217.1 亿元，增长 3.3%；第二产业增加值 585.4 亿元，增长 9.2%；第三产业增加值 817.6 亿元，增长 9.5%。三次产业结构由上年的 13.6 ∶ 36.2 ∶ 50.2 调整为 13.4 ∶ 36.1 ∶ 50.5。

五、淮南市概况

淮南市境在构造单元上属于中朝准地台淮河台坳淮南陷褶断带（即华北地台豫淮褶皱带）东部的淮南复向斜。东界为郯庐断裂，西临周口坳陷，北接蚌埠隆起，南邻合肥坳陷，南北为洞山断裂和刘府断裂夹持。区内构造以北西西向构造占主导地位，受后期强烈改造，但总体形态变化不大，复式向斜内次一级褶皱及断裂发育。

市境以淮河为界形成两种不同的地貌类型。淮河以南为丘陵，属于江淮丘陵的一部分。以寿县为例，北、中部为淮河冲积平原；西北部为沿淮河、淠河洼地；东南部为岗地。淮河南岸由东至西隆起不连续的低山丘陵。环山为斜坡地带，宽约 500～1500m，坡度 10° 左右，海拔 40～75m；斜坡地带以下交错衔接洪冲积二级阶地，宽 500～2500m，海拔 30～40m，坡度 2° 左右。舜耕山以北二级阶地以下是淮河冲积一级阶地，宽 2500～3000m，海拔 25m 以下，坡度平缓；一级阶地以下是淮河高位漫滩，宽 2000～3000m，海拔 17～20m；漫滩以下是淮河滨河浅滩。舜耕山以南斜坡以下，东为高塘湖一、二级洪冲积阶地，西为瓦埠湖一、二级洪冲积阶地，中为丘陵岗地。淮河以北为地势平坦的淮北平原，淮河以北平原地区为河间浅洼平原，地势呈西北东南向倾斜，海拔 20 ~ 24m，相对高差 4 ~ 5m。

淮南市位于淮河中游，是一个以煤、电、化工业为主的工业城市，一方面农业环境受淮河水质以及工业和城市"三废"的影响；另一方面农业和农村生产生活过程中不合理的管理措施和行为也带来了农业面源污染问题，加重了淮河水体的污染，增加了淮河水污染治理的难度。

化肥施用量过大，施肥结构不合理，施肥方法不当。农药使用频率高，使用量大，施用技术落后；农作物秸秆的利用率低，露天焚烧现象严重；土壤中农膜残留逐年累积造成污染；传统灌溉方式加重了对流域水体的污染。

煤炭的开采与利用对生态环境造成了一定程度的损害。采煤引起地表严重塌陷，露天开采直接挖损土地资源，排土场、煤矸石压占大量土地。据不完全统计，淮南全市每年直接燃煤 1000 万 t，煤矸石和粉煤灰年生产量 507 万 t，历年堆积量 2261 万 t，占地 621hm²，其中耕地面积 444 hm²。因采煤造成的地表塌陷面积为 9630hm²，占耕地面积的6%，并以 350 hm²/a 的速度增加。开采煤炭，致使地下水文地质构造和地表径流发生改变，对生态环境造成破坏，地下水位下降，植被退化，加剧矿区水土流失。大量未经处理的含有多种污染物的矿井水直接外排，对矿区周围的水资源环境造成了较严重的污染。露天储煤厂、煤炭自燃、矿井瓦斯排放等，致使大气污染严重。以田区的电厂和谢区的煤矿为主体的污染范围目前正在逐渐扩大至八公山、凤台等地，除毛集之外，其余地区都有不同程度的污染现象。煤炭运输造成了运输及装载线路上的空气污染。煤炭产品在社会使用过程中产生了大量的 CO_2、NOx、SO_2 和煤烟尘等。

六、蚌埠市概况

蚌埠市位于安徽省东北部，淮河中游，地处安徽省淮北平原和江淮丘陵的交界地带，地形以平原为主。地势西北高，东南低，南部地区分布有少量的丘陵和岗地。蚌埠市北与濉溪县、宿州市、灵璧县、泗县接壤，南与淮南市、凤阳县相连，东与明光市和江苏省泗洪县毗邻，西与蒙城县、凤台县搭界。京沪铁路从境区中部纵贯南北，淮河自西向东流过境南，辖区大部分处于淮北平原南端。

蚌埠四季分明，气候湿润，处于秦岭—淮河气候分界线上。在气候区划中，位于亚热带季风气候与温带季风气候的过渡地带，季风显著，四季分明，雨量适中，光照充足。蚌埠市处于两个生物气候带交界处，地形地貌不一，成土母质类型多样，加之黄泛影响，导致土壤类型及分布复杂。土壤可划分为淋溶土、初育土、半水成土、人为水成土4个土纲，潮土、棕壤、黄棕壤、砂姜黑土、水稻土5个土类，下领10个亚类18个土属27个土种。蚌埠冬季寒冷，夏季炎热，冬季月平均气温为−3℃ ~ 0 ℃，结冰期约半月之久。雨季仅限于6—8月，年雨量为500 ~ 750mm。

蚌埠市总面积5950.72km²，户籍人口381.25万，常住人口337.67万人。截至2019年，蚌埠市城镇化率为58.58%。交通方面，蚌埠火车站1909年建站，现为一等站，蚌埠南站建于2009年，是京沪高速铁路和合蚌高速铁路交会的枢纽站。蚌埠公路四通八达，高标准的城市出入口道路已与国道、省道联结，并拥有多条高速公路。104、206国道贯穿全境，101、307省道连接市辖三县，合徐高速公路、京福高速公路（合肥—徐州）、南洛高速公路（界首—阜阳—蚌埠、蚌埠—南京）均已建成。蚌埠港为千里淮河第一大港，以货运为主。新港年拥有数个千吨级泊位，港口吞吐量逐年增长。蚌埠港可四季通航江苏、上海、浙江、江西等省市，还可以借助已开放港口通达海外。

蚌埠市是重要的工业城市，以加工业为主，拥有机械、纺织、轻工、化工、医药、电子、建材等行业的工业体系，能生产400多大类，上万种产品。安徽丰原集团、八一化工集团、华光玻璃集团、蚌埠卷烟厂等企业已成为全省乃至全国同行业的重点骨干企业。平板玻璃、压铸机、滤清器、灯芯绒、啤酒、玻璃制品、卷烟等产品产量、质量在国内名列前茅，柠檬酸和对（邻）硝基氯化苯产量、质量在全球位居前列。

蚌埠组合优势日益凸显，正成为承接产业转移的前沿阵地。蚌埠市发展共享经济，政府加强企业之间的信息共享程度与频率，不断促进信息的有效沟通。有必要在共享经济领域加强物联网、云计算、大数据、自动识别等技术的应用，提高共享经济信息集成能力。加快共享经济信息平台的建设与运营，优化配置共享社会资源，信息共享也是整个共享经济发展的关键所在。同时，蚌埠市相关政府部门还需要注意到共享信息体制的建设需要标准且严格的规范。政府部门关注并给予一定程度的建议，有利于共享经济市场的标准化规范生成。

七、滁州市概况

滁州市位于安徽省东部，习惯称为皖东，为全省16个省辖地级市之一。市境东部与江苏省接壤，自南向北与南京市、扬州市、淮安市、宿迁市为邻，西部自北向南与安徽省蚌埠市、淮南市、合肥市、马鞍山市相依。地理坐标北纬30°51′~33°13′、东经117°10′~119°13′。全市行政区域总面积1.35万 km²。全境东西最长处193km，南北最宽处150km。市境地貌分丘陵、岗地、平原3大类型，平原较少，主要分布在沿河、湖的狭窄地带，其余均为丘陵与岗地。

市境地跨长江、淮河两大流域，境内河流分属3大水系，即淮河干流水系、滁河水系和高邮湖水系。市境淮河干流水系主要支流有窑河、天河、濠河、板桥河、小溪河和池河。滁河发源于安徽肥东，蜿蜒270km，汇集了江淮分水岭以南诸水，从江苏六合汇入长江。滁河水系主要支流有小马厂河、管坝河、大马厂河、襄河、土桥河、清流河、来安河、沛河、皂河等。高邮湖水系主要支流有白塔河、铜龙河、杨村河、王桥河、秦栏河以及白塔河的主要支流川桥河等。市境湖泊主要有花园湖、女山湖、七里湖以及与周边市县的界湖高邮湖、高塘湖等。水利工程众多，先后建成水库1192座，其中大型2座、中型46座，发挥着灌溉、防洪、生产生活用水和游览观光休闲的多种功能。

滁州属亚热带湿润季风气候，主要表现为四季分明，季风明显，气候湿润，雨热同季。市境地处南北两支冷暖气流交汇地带，6—7月份冷暖空气势均力敌，形成梅雨，但也有些年份出现"少梅"或"空梅"。8月雨带北移，受副热带高压控制，常有高温伏旱。在季风环流异常时，常发生低温阴雨、暴雨洪涝、干旱、雷雨大风、冰雹等气象灾害。全市年平均气温15.4℃，年平均降水量1000~1100mm，年平均降雨日数144d，全年无霜期210d左右。全市降水年际变化大，呈南多北少、东多西少的特征。春季雨水适中，夏季降雨集中，秋冬少雨。

滁州全境坐拥 7 条高速公路、5 条铁路、4 个航空港、4 个码头，交通便捷，四通八达。南北向的京沪铁路和京沪高铁在境内设站，从滁州到南京仅 17min，到上海 1h34min，到北京仅 3h52min。东西向的沪汉蓉高铁设有滁州全椒站，向西可达合肥、武汉、成都等城市。滁州高速公路通车里程达 552km，位居安徽省第一，拥有合徐、宁连、宁洛、合宁、徐明、滁马等 7 条高速。104、205 等 5 条国道和诸多省道在市境纵横交错。从滁宁快速通道、合宁和宁洛高速、104 国道等均可直达南京城区。滁州周边分布有 4 个主要水路港口，分别为滁州汊河港、南京新生圩港、南京龙潭港和南京长江七坝港，通过这些港口可通江达海。七坝港丰水期和龙潭港可航行万吨级货轮，实现江海联运。

滁州依滁河而生，历史上是长江北岸著名的鱼米之乡，素有"安徽百亿粮仓"之称，盛产水稻、小麦、油菜等优质农产品。著名土特产有滁菊、明光绿豆、来安花红、南谯茶叶等，特种水产有女山湖大闸蟹、银鱼、滁州鲫鱼、雷官板鸭、天长芡实等，传统特色食品有琅琊酥糖、马厂酥笏牌、凤阳瓢豆腐、天长甘露饼、炉桥桥尾等。动物资源、次生林木、竹、中药材资源丰富。

滁州拥有 20 多种优质矿产资源，特别是岩盐、石英砂、石膏、绢云母、凹凸棒、铜等矿产储量大、品质优。其中凤阳石英砂探明储量 110 亿 ~ 125 亿 t，SiO_2 含量达 99%；明光凹凸棒探明储量 2486.6 万 t，凹凸棒石最高含量 96%；定远岩盐探明储量 17.5 亿 t，氯化钠含量最高达 99.2%。

截至 2019 年，全年实现生产总值 3032.1 亿元，按可比价格计算，同比增长 4.4%，高于全省 0.5 个百分点，总量居全省第 3 位，增速居全省第 1 位。其中，第一产业增加值 271.7 亿元，增长 1.7%；第二产业增加值 1477.8 亿元，增长 6.1%；第三产业增加值 1282.6 亿元，增长 2.5%。三次产业结构调整为 9.0：48.7：42.3。

八、淮安市概况

淮安市位于江苏省中北部，江淮平原东部，地处长三角地区，是苏北重要中心城市，坐落于古淮河与京杭大运河交点，处于中国南北分界线上。淮安市总面积约 1 万 km²。淮安市地处黄淮平原和江淮平原，无崇山峻岭，地势平坦，地形地貌以平原为主。

淮安市位于亚热带向暖温带过渡地区，属亚热带湿润季风气候，气候温和，雨量充沛，有利于野生动物的生存，市境内的野生动物种类以鸟类居多。全市野生动物有鸟类 321 种，经济鱼类 83 种，爬行动物 48 种，哺乳动物 49 种。其中，国家一级保护动物 9 种，二级保护动物 43 种。据 1987 年鸟类普查统计，淮安市鸟类资源有 125 种，隶属 15 目 38 科。

淮安市林业资源总量及产业化水平居全国先进行列，在江苏省排名第三，其中森林覆盖率 18.2%，高于全国 1.65 个百分点，高于全省 7.64 个百分点。到 2002 年底，全市有林地面积 9.07 万 hm^2，农田林网 38 万 hm^2，林网化率 95.9%，四旁植树 1.1 亿株。淮安市的林业资源以人工林为主，兼有天然林，树种资源比较丰富，有木本植物 79 科 179 属 410 种，其中乔木 328 种，灌木 65 种，藤木 17 种，约有 172 种人工栽培种。

淮安市多年平均地表径流量较多。洪泽湖湖泊水量补给丰沛，且为过水型湖泊，多年平均出湖水量达 330 亿 m^3。淮安市地下水资源蓄量丰富。平水年全市降水补给潜水的水量为 15.08 亿 m^3，潜水调节资源量为 8.53 亿 m^3。全市深层地下水可采资源量为 5.42 亿 m^3。

淮安市矿产资源较为丰富，分布相对集中。能源矿产资源有金湖县、洪泽区的石油和天然气，洪泽区老子山的地热。非金属矿产资源丰富，品种多，有盱眙县的凹凸棒石黏土、玄武岩、白云岩，淮安区、清江浦区、淮阴区的岩盐，洪泽区、淮阴区的芒硝等。其中，盱眙县凹凸棒石黏土探明储量 2.72 亿 t，远景储量达 5 亿 t，占全国总储量的 65% ~ 70%，占全球总储量的近 50%；岩盐资源探明储量 1350 亿 t（不包括洪泽湖底），居世界首位，且品位高，埋藏浅，品质优，盐层厚度达 100 ~ 200m，卤水浓度为 300 ~ 320g/L，适宜大规模开发利用；淮安拥有华东最大的无水芒硝矿，已探明芒硝储量达 20 亿 t。

截至 2019 年底，淮安市常住人口数 493.26 万，其中城镇人口占 63.5%，乡村人口占 36.5%。

2019 年，淮安市实现地区生产总值 3871.21 亿元，按可比价计算，比上年增长 6.6%。其中，第一产业增加值 386.20 亿元，增长 3.3%；第二产业增加值 1617.18 亿元，增长 7.1%；第三产业增加值 1867.83 亿元，增长 6.8%。三次产业结构比例为 10.0：41.8：48.2，第三产业增加值占地区生产总值比重较上年提升 0.3 个百分点。人均地区生产总值 7.85 万元人民币，按可比价格计算，增长 6.4%，按当年平均汇率折算为 1.14 万美元。

全市公路里程达 1.3 万 km，高速公路里程达 403km，并在苏北率先形成城市高速公路环；全市普通国省干线公路里程达到 824km，一级公路里程 632km，新改建农村公路超过 1 万 km。全市铁路通车里程达到 100.5km，铁路客运通达国内 50 多个大中城市。国家水运主通道京杭大运河纵贯南北，盐河、淮河、苏北灌溉总渠、洪泽湖等重要航道在境内交汇。全市共有航道 1483km，其中等级航道 527km，共有港区 7 个、港口岸线 25.7km、码头 124 座、泊位 390 个，境内干线航道可常年通行 1000 吨级以上船舶。通航城市增至 27 个，2017 年完成旅客吞吐量 128.6 万人次，同比增长 49%，增幅全省第一。淮安机场迈入中型机场行列，航空客货运输增长迅速，发展速度在同等规模机场中位居前列。淮安境内公路、铁路、水路四通八达，京沪、宁宿徐、淮盐、淮宿、宁淮 5 条高速公路在境内交会，新长铁路、宿淮铁路纵贯全境。规划宁淮城际铁路、临淮铁路等，构建京沪高铁二线。淮安市已初步形成了一个以高等级公路为主骨架，公路、铁路、航空并举的立体化大交通网络。通车运营的连镇高速铁路北起连云港，沿宁连高速引入淮安市，与京杭运河、京沪高速公路并行，向南经扬州市，跨长江后抵达镇江。通车运营的徐盐高速铁路在淮安经连淮扬镇铁路直达苏南，在盐城经盐通铁路、沪通铁路直达上海。这些高速铁路的建成通车方便了苏北 4 个城市的往来，进而成为苏北城市群通向外围城市群的客运交通骨干网。

九、盐城市概况

盐城市面积 1.69 万 km²，位于江苏省中部。盐城市海岸线长 582km，占江苏省海岸线总长度的 56%，拥有丰富的滩涂海洋资源，滩涂总面积 45.53 万 hm²。全境为平原地貌，西北部和东南部高，中部和东北部低洼，大部分地区海拔不足 5m，最大相对高度不足 8m。分为黄淮平原区、里下河平原区和滨海平原区 3 个平原区。黄淮平原区位于苏北灌溉总渠以北，其地势大致以废黄河为中轴，向东北、东南逐步低落。废黄河海拔最高处 8.5m，东南侧的射阳河沿岸最低处仅 1m 左右。里下河平原区位于苏北灌溉总渠以南，串场河以西，属里下河平原的一部分，总面积约 4000km²，该平原区四周高、中间低，海拔最低处仅 0.7m。滨海平原区位于灌溉总渠以南，串场河以东，总面积约 7000km²，约占全市总面积的一半，该平原区大致从东南向西北缓缓倾斜。东台境内地势较高，一般海拔为 4~5m，向北逐渐低落，到射阳河处为 1~1.5m。

盐城市境内河沟纵横，水网密布，长 50km 以上的大型河流有 12 条，河流主要为淮河水系。境内海岸线漫长，南起于与南通市接壤的新港闸，北止于与连云港市交界的灌河口。

盐城市辖境年平均降水量为 1014.7mm，折合 154.1 亿 m³，平均年径流量 39.6 亿 m³，折合径流深 260.7mm，径流系数为 0.26。按土地调查的耕地面积计算，每亩平均占有量为 313m³，是全国亩均占有量 1752m³ 的 17.9%，属水资源贫乏区。境内均为平原地区，天然河网对水的调蓄能力有限，本地径流利用率很低。非汛期水源紧缺，每年 5 月中旬至 6 月下旬，灌溉高峰缺水严重。

盐城市境内植物种类丰富，仅木本植物就有 63 科 122 属 201 种，作物品种有 300 多个；蔬菜品种有 22 科 82 种；药用植物 112 科 325 属 420 种。鱼类有 150 种，分别隶属 17 目 73 科 119 属。

盐城市属贫矿地区，主要矿种有黏土矿、地热、矿泉水及部分石油天然气，其中高硅黏土储量 281.5 万 t。探明石油天然气蕴藏量达 800 亿 m³，预计总储量达 2000 亿 m³。沿海和近海有约 10 万 km² 的黄海储油沉积盆地，居全国第二。郊区郭猛乡是高硅土的主要分布地区。矿区范围南北长 17km，东西宽 4km，总储量约为 2500 万 m³，矿产距地表仅 25 ~ 70cm，开采条件优越。

2019 年末，盐城市全市户籍人口 821.35 万人。2019 年，全体居民人均可支配收入 3.2 万元，比上年增长 8.8%。城镇常住居民人均可支配收入 3.88 万元，比上年增长 8.1%；人均消费支出 2.09 万元，比上年增长 6.1%。

农村常住居民人均可支配收入比上年增长 9.3%，人均消费支出比上年增长 6.8%。

2019 年，盐城市实现地区生产总值 5702.3 亿元，按可比价计算，比上年增长 5.1%。其中，第一产业实现增加值 619.9 亿元，比上年增长 2.9%；第二产业实现增加值 2371.6 亿元，比上年增长 3.2%；第三产业实现增加值 2710.8 亿元，比上年增长 7.5%。产业结构持续优化，产业增加值比例调整为 10.9∶41.6∶47.5，第三产业比重比上年提高了 1.4 个百分点。人均地区生产总值达 79149 元，比上年增长 5.3%。经济保持稳定增长。

截至 2019 年底，盐城市共有公路总里程 2.05 万 km，其中高速公路 395.5km、一级公路 1661.1km、二级公路 2924.2km、三级公路 1576.8km、四级公路 1.38 万 km、等外公路 192.98km，其中国道 637.2km，省道 1071.9km。继盐青铁路后，盐徐高铁开通运营。盐徐高铁是盐城市第一条时速 250km 的高铁，全长 314km，在盐城市境内长约 72km，设阜宁南、建湖、盐城 3 站。

第二章　淮河生态经济带建设战略定位

　　淮河流域地处长江流域和黄河流域之间，经济发展总体相对滞后，是我国中东部最具发展潜力的地区之一，必须立足现有基础，深入贯彻落实新发展理念，推动形成人与自然和谐发展的现代化建设新格局，打造水清地绿天蓝的生态经济带。

　　2018年，为推动淮河流域生态文明建设，决胜全面建成小康社会并向现代化迈进，国家发展和改革委员会根据《中华人民共和国国民经济和社会发展第十三个五年规划纲要》和《促进中部地区崛起"十三五"规划》，编制《淮河生态经济带发展规划》。同年10月，国务院批复《淮河生态经济带发展规划》，淮河生态经济带建设上升为国家战略，为推进全流域综合治理、促进流域经济社会可持续健康发展提供了难得的历史机遇。2020年8月，习近平总书记在安徽考察时强调："淮河是新中国成立后第一条全面系统治理的大河。70年来，淮河治理取得显著成效，防洪体系越来越完善，防汛抗洪、防灾减灾能力不断提高。要把治理淮河的经验总结好，认真谋划'十四五'时期淮河治理方案。"如何提炼好治淮精神，将70年来治淮经验总结好，谋划好未来淮河的科学治理，提高淮河治理及沿淮地区建设的现代化水平，这是治理和建设淮河的崭新课题。

　　淮河生态经济带以淮河干流、一级支流以及下游沂沭泗水系流经的地区为规划范围，包括江苏省淮安市、盐城市、宿迁市、徐州市、连云港市、扬州市、泰州市，山东省枣庄市、济宁市、临沂市、菏泽市，安徽省蚌埠市、淮南市、阜阳市、六安市、亳州市、宿州市、淮北市、滁州市，河南省信阳市、驻马店市、周口市、漯河市、商丘市、平顶山市和南阳市桐柏县，湖北省随州市随县、广水市和孝感市大悟县，规划面积24.3万 km^2。

第一节　总体要求

一、指导思想

高举中国特色社会主义伟大旗帜，深入贯彻党的二十大精神，坚持以马克思列宁主义、毛泽东思想、邓小平理论、"三个代表"重要思想、科学发展观、习近平新时代中国特色社会主义思想为指导，全面贯彻习近平总书记对淮河治理作出的重要指示以及在考察安徽、河南、江苏等沿淮省份时的系列重要讲话精神。落实党中央、国务院决策部署，统筹推进经济建设、政治建设、文化建设、社会建设、生态文明建设的总体布局，协调推进全面建设社会主义现代化国家、全面深化改革、全面依法治国、全面从严治党的战略布局。坚定不移贯彻创新、协调、绿色、开放、共享的新发展理念，坚持稳中求进的工作总基调，按照推动高质量发展的要求，以深化供给侧结构性改革为主线，以改革创新为根本动力，以满足沿淮人民日益增长的美好生活需要为根本目的，坚决打好防范化解重大风险、精准脱贫、污染防治三大攻坚战并巩固全面脱贫成果。着力推进绿色发展，统筹推进山水林田湖草综合治理、系统治理、源头治理，改善淮河流域生态环境。实施创新驱动发展战略，深化体制机制改革，构建全方位开放格局，促进区域协调发展，推动经济发展质量变革、效率变革、动力变革，建设现代化经济体系。增加民生福祉，加快建成美丽宜居、充满活力、和谐有序、绿色发展的生态经济带，努力在构建以国内大循环为主体、国内国际双循环相互促进的新发展格局中实现更大作为。

二、发展诉求

淮河流域濒临黄海，连接着长三角和环渤海地区，区位优势非常明显，却成为中东部地区"发展洼地"。这是因为基础设施薄弱、产业发育程度不高、生态环境压力大等因素严重制约了经济社会发展。随着工业化、信息化、新型城镇化与农业现代化发展，如何将淮河流域综合治理与四化建设统筹发展，同步谋划推动区域经济社会高质量发展？如何发挥淮河生态经济带区位优势，将淮河流域综合治理与区域发展战略有效结合，推动双赢？如何发挥淮河生态经济带矿产资源丰富、工业基础较好、发展空间巨大的优势条件，突破经济发展瓶颈？这些都是近年来亟待思考的问题。此外，为防治淮河水害，长期以来沿淮河设立了大量蓄洪区、滞洪区，占用了大片农田，客观上影响了村镇建设，也影响着农村经济发展。淮河流域内湖泊众多，水面广阔，生物资源丰富，为发展水产养殖业和畜牧业等提供了理想条件。如何协调好保护与利用关系，将淮河流域建成稳产高产、集约化、现代化农业示范区，也是迫切要求我们应对处理的难点。

建设淮河生态经济带是有效解决上述问题的必由之路。淮河流域处在河南、安徽、江苏三省的边缘地区，长期缺乏流域统筹规划，得天独厚的资源禀赋和区位优势未得到充分发挥，经济社会发展水平落后。建设淮河生态经济带，可以将周边的长三角经济圈、沿海开发区和皖江城市带有机衔接起来，打造中国经济发展新的增长极；同时与中原经济区、皖江经济带和苏南地区形成相互的支撑，对促进豫、皖、苏三省区域协调发展起到重要作用；通过建设新型江河发展战略新模式，推进流域综合治理与四化建设统筹发展；通过建设淮河生态经济走廊连通江苏沿海港口与淮河、灌河两岸，打造两岸物流、商贸、服务业和新兴产业聚集高地，全面融入"一带一路"建设，打造中东部地区开放发展新的战略支点；治理淮河下游，打造新的出海水道，为皖江城市带开辟一个全球化发展的出海通道，促进外向经济发展。

第二节 基本原则

一、节约资源，保护环境

坚持"尊重自然、顺应自然、保护自然""发展和保护相统一""绿水青山就是金山银山""山水林田湖是一个生命共同体"等理念，尊重自然规律，遵循生态文明的系统性、完整性及其内在规律，坚持"节约优先、保护优先、自然恢复为主"的方针，着力解决突出环境问题，推动形成节约资源和保护环境的空间格局、产业结构、生产方式、生活方式，还自然以宁静、和谐、美丽，促进人与自然和谐共生。

二、改革引领，创新驱动

全面深化供给侧结构性改革，促进发展方式创新，以完善产权制度和要素市场化配置为重点，抓住产业全球布局、产业转移和创新机遇，充分利用国外、国内、沿淮三个市场、三种资源，发挥市场配置资源的决定性作用，推进科技体制、流域综合治理体制、跨区域环保机制、公共服务合作共享机制等重要领域改革取得新的突破，增强自主创新能力，加快新旧动能转换，推动产业转型升级，实现创新驱动发展。

三、互联互通，共建共享

体现淮河流域特点，优化空间布局，同步推进新型工业化、城镇化、信息化和农业现代化，实现经济发展、民生改善与生态环境协调统一，统筹推进重大基础设施建设，提升互联互通和现代化水平，构建沿淮综合交通运输走廊，促进上中下游要素合理流动、产业分工协作，优化城镇功能布局，推进沿淮港口、产业、城镇互动，实施农业区与泄洪区、沿淮与内陆、区内与区外、城市与乡村联动，提高开发的整体效率，着力推动城乡居民收入增长与经济发展同步，提升基本公共服务均等化水平，保障和改善民生，不断增强人民群众获得感和幸福感。

四、深化合作，扩大开放

全方位拓展合作发展潜力和对外开放空间，积极融入"一带一路"建设、长江经济带发展，全面加强与周边区域的联动发展，促进东西双向开放、南北深度融合，加快培育合作竞争新优势，积极创新体制机制，加快形成与国际惯例接轨的管理和服务体系，营造沿淮流域开放的良好环境，提升开放型经济水平。

五、量力而行，防范风险

从各地实际出发，遵循客观规律，量力而行，分阶段、分步骤有序推进重点任务和重大工程，坚决打好防范化解重大风险攻坚战，加强薄弱环节监管制度建设，做好重点领域风险防范和处置，切实加强地方政府债务管理，坚持打击违法违规金融活动。

第三节　总体思路

以上游控制性工程、千里河川式水库建设为基础，调蓄兼筹，打造黄金水道，实现汛期蓄水、常年利用、科学调度、变害为利；以现代综合运输体系为保障，促进沿岸地区经济一体化发展；以国家级绿色农产品和食品基地为依托，发展现代农业；以新型煤盐碱化工、电子信息、高端装备制造、新能源、新医药等产业为抓手，推进流域产业升级，打造若干万亿级产业集群；以淮河流域水质改善为重点，推进全流域生态建设与环境保护，建设生态淮河；以千里淮堤为主干，推进旅游文化产业发展。最终把淮河建设成地绿、水清、天蓝的美丽淮河，形成产业协调发展、人与环境友好相处的淮河生态经济带。

一、防洪、灌溉、航运三者相互结合，打造黄金水道

要控制洪水，清淤固堤，提高防洪标准。在淮河干支流新建或改造一批水利设施，对支流上应建未建的水库要加快建设，对病险水库要加快进行除险加固。同时，整治淮河中下游河道，对行洪区的布局、功能和运用标准进行调整，实施淮河河道盱眙段裁弯取直工程，对河床清淤加深，加固加宽加高河堤，扩大洪水通道，巩固排洪能力，切实解决上游拦蓄能力不足、中游行洪不畅、下游出路不足等问题。通过扩大行洪区水道，逐步减少直至取消滞洪区、蓄洪区，从而增加耕地。加快平原洼地除涝工程建设，完善防洪湖泊和骨干河道防洪工程体系，推进城镇防洪工程建设，提高淮河沿线城镇的防洪标准，实现淮河干流上游及重要支流50年一遇、干流中下游100年一遇、

洪泽湖 300 年一遇标准。

要扩大蓄水能力，完善灌溉和水资源保障体系。淮河水系多年平均降水量为 875mm，多年平均水资源总量 794 亿 m^3。通过加宽加深河道，可常年蓄水 50 亿 m^3 左右。对洪泽湖、瓦埠湖清淤扩容，可分别增加蓄水量 60 亿 m^3、40 亿 m^3。通过南水北调东线工程向淮河中游调水 50 亿 m^3/a 左右，加上各支流水库蓄水，淮河流域年蓄水量可达 200 亿 m^3 以上，不仅可以满足沿岸工农业用水、生活用水及常年通航需要，而且可以向阜阳、宿州、亳州等皖北缺水地区调水，使全流域大部分农田成为可灌溉农田。完善流域内水资源配置工程体系，提高调配能力，从根本上解决淮河流域水资源和水环境承载能力不足的问题。适时建设南水北调东线后续工程、引江济淮工程、苏北引江工程等跨流域调水工程，提高引江能力，增加外调水量。严格实行计划用水和定额管理，全面推进节水型社会建设，提高水资源利用效率，以供定需。

要加大淮河干流航道的疏浚和整治力度，消除通行瓶颈，努力提高航道的等级和通航能力。要以中央政府为投入主体，进行淮河干流和主要支流航道疏浚、淮河入海水道万吨级航道整治工程，提升改造淮河航运等级。在淮河干流建设若干船闸，形成一个千里河川式水库。要统筹淮河港口建设，推进现有港口的功能提升和完善，形成功能互补的港口群。要培育水运主体，大力扶持和培育大型港口企业。要以资产为纽带，整合和优化市场资源，扶持跨区域、跨行业、跨所有制形式的骨干水运企业。全面提升淮河水网航道承载能力，将淮河航道建设纳入长江经济带支线航道建设发展战略规划，将涉及淮河的航道、港口等项目纳入其规划建设项目库。

要构建内河水运体系，夯实水运基础。以中央部分投入、地方政府配套为主要方式，改造、升级支线航道等级，推进浉河、史灌河、沙颍河、涡河、沱浍河、洪河、汾泉河、灌河重要支流航道的整治工程，分段提高航道通航标准和船闸通行能力。要推进沿淮内河港口群建设，以淮安、蚌埠、淮南、淮滨、周口等为重点，优化沿线港口布局，形成以淮干为主线、各港口为珍珠的项链形港口布局。形成航道、港口、船舶和支持保障体系协调发展、功能完善、技术先进、运转高效的内河水运体系。整合多方资金，持续加大对内河水运建设的投融资力度。提高综合运力,进一步完善通江达海、江海联运、资源节约、可持续发展的水运通道。

二、沿河建设现代综合运输体系,促进沿岸地区经济一体化

以淮河黄金水道为核心,形成铁、公、水、空、管现代综合交通运输体系,促进淮河上中下游资源自由流动与优化配置,形成沿淮产业带和城市群,推进淮河流域快速发展。

要发展港口经济,推进港城一体、产城一体化发展。依托港口资源优势,将农业等资源型产品引入沿淮城市发展临港加工业,吸引国内外投资者投资建厂,促进当地加工制造业的结构优化和产业升级;依托临港工业园,有效承接沿海等地区的产业转移,扩大经济发展的外向度;依托交通枢纽,建设现代物流,将淮安、蚌埠、凤阳、淮南、淮滨、周口等内河港口打造成一、二类口岸国际港,完善港口"大通关"物流体系,设置相应的保税园区和物流园区,使之成为区域性物流枢纽。

要完善综合运输通道和交通枢纽节点布局。按照"零距离换乘、无缝化衔接"的要求,加强与淮河流域公路、航空、铁路的有效衔接,加快构建与沿淮中心城市地位相匹配、与区域经济发展水平相适应的物流网络。建设沿淮铁路、高速公路、运输管道网络和国际航空运输体系。规划建设东西铁路通道——沿淮铁路,与京广、京九、京沪线联通,形成新的陇海铁路。在盐城、淮安、蚌埠、淮南、阜阳、信阳之间新建高速公路及既有高速公路的连接线,打通沿淮高速公路通道,打通主城区和各县、区相互连接的快速通道。研究建设沿淮盐卤、成品油、LNG、碱液、氢氧运输管道网络,把桐柏碱矿、淮安盐矿、滨海油气、沿淮码头和海上风电制氢、制氧资源输送到加工地和用户。利用上下游地势落差,东向管道输送液体,西向管道输送气体,充分发挥管道运输成本低的优势,形成布局合理的七大管道网络体系。构建淮安、盐城、蚌埠、信阳等区域国际航空运输体系,合理布局旅游地支线机场,开辟更多国内外新航线。最终,以淮河黄金水道为主轴,构建东西相通、南北联动、河海一体的快速城市群交通网。

三、以国家级绿色农产品和食品基地为依托，发展现代农业，助力流域乡村振兴

发挥农业潜力，建设绿色食品基地。淮河流域是我国粮食主产区，粮食产量占全国 17% 左右，商品粮则占全国的 25%，并有进一步提高的潜力。

淮河流域虽是国家商品粮基地，农业从业人员规模大、比例高，但农业综合生产能力却不高，生产效率低下，抵御自然灾害、市场风险能力都较弱。从确保国家粮食安全的角度，应当加强农田水利设施建设和土地整治，加快中低产田改造和高标准农田建设。通过流域国土整治，可新增耕地 1000 万亩以上；通过改造中低产田和建设高标准农田，可新增高质量农田 3000 万亩以上，建成全国粮食生产核心区。应继续加大中央财政对粮食主产区的投入，完善粮食主产区利益补偿机制，健全农产品价格保护制度，提高种粮农民的积极性，将粮食生产核心区和非主产区产粮大县建设成为高产稳产商品粮生产基地。应当加强农业基础建设，加大对土地流转和服务体系建设，为农业规模化经营创造条件，切实提高现代化水平。

同时，农业应加快发展方式转变，着眼于绿色农业培育，发展生态农业产业，积极调整农业结构，发展循环经济。大力发展生态农业、都市农业、设施农业、休闲农业、观光农业、适应性农业。推进农业规模经营，深入实施农业综合开发。加强农业基础设施建设，扩大外向农业基地规模。推进农业与旅游业、食品加工业深度融合发展，强化现代农业发展支撑保障，建成国家现代农业示范区，基本实现农业现代化。

四、加快产业转型升级，打造若干万亿级产业集群

创新是国家强盛的持续动力，加快淮河流域产业转型升级，是保持经济中高速增长、实现优质高效增长的根本之策。

工业经济要以大型企业为骨干，按照供给侧结构性改革的要求，加快推进传统产业改造升级。围绕新技术应用、新产品开发、新业态拓展，充分利用互联网、大数据、云计算等新信息技术，重点加大对制造业、加工业、能源原材料、食品等产业的升级改造，提升传统产业档次，加快企业智能化和

绿色化改造，培育形成新兴产业。根据特色，强化节能、环保、安全、质量的四类标准，着力优化产业布局，延伸产业链条，引导传统产业向规模化、品牌化发展。要建立产业转移跨区域合作机制，以开发区为载体，建设承接产业转移示范区和加工贸易梯度转移承接地，推动产业协同合作，联动发展。

利用丰富的矿产资源，建设现代能源原材料基地。淮河流域煤炭资源丰富，但应合理控制开采量，加强清洁利用，发挥水资源优势，发展煤制油、煤制气、煤制塑料化纤等煤化工产业，提高煤炭利用效益。同时，发展太阳能、风能、生物质能和天然气利用，建设绿色能源示范区。利用丰富的天然碱、盐卤、铁矿、凹土、石英石等矿产，发展盐化工、碱化工产业。在淮安、桐柏、淮滨、淮南打造我国首个非石油路线烯烃产业集群，在霍邱、淮安建设金属新材料集群，在盱眙、明光建设凹土新材料产业集群，在凤阳建设硅基新材料产业集群。

依托现有基础和资源优势发展先进制造业。盐城汽车工业已初具规模，应鼓励研发有自主知识产权和核心技术的汽车工业。淮安特钢已有一定基础，未来应重点发展技术和知识密集型产业。蚌埠应成为人才培养基地和高技术产业发展基地。颖上的纺织、淮滨的造船、霍邱的钢铁、信阳的电子信息业等，均具有一定基础，应积极扶持，加快升级，形成有竞争力的产业集群。

利用自然和人文资源，建设黄金旅游线，绿化沿淮大堤。组合利用铁路、公路、水路、航空等交通方式，将沿岸历史文化名城桐柏、固始、淮滨、颖上、寿县、凤阳、盱眙、淮安等连接起来，形成自然风光、人文历史、水陆兼济的千里黄金旅游线。

五、以淮河水质改善为重点，建设生态淮河

建设淮河生态经济带，打造生态长廊，必须打破环境与经济二选一的思路，把恢复和保护淮河流域生态环境作为重要前提。

全面实现入河排污总量控制目标，基本实现河湖水功能区主要污染物控制指标达标，构建以市场为基础的生态环境保护机制。要从国家层面着眼，建立跨行政区域的生态补偿机制和污染处理协调机制，推动建立淮河流域跨境断面水质考核标准和跨省生态补偿机制。加强重点工业污染源治理，加快

城乡污水处理厂及配套管网建设和升级改造工作。加大对淮河流域农村环境连片整治的投入力度，开展垃圾无害化处理，实施农业面源污染治理工程。实施小流域系统综合治理，强化流域生态系统保护与修复，实施最严格的水资源管理制度，持续改善淮河流域水质。加快淮河干支流湿地保护，整治沿河岸边无序占用，提升淮河流域的生态承载能力。将淮河流域更多的大型水库列入国家江河湖泊生态专项整治，逐步提高国家级公益林和森林管理补贴的中央财政标准，加快建立公益林补偿稳步增长机制，加大现有生态补偿转移支付标准。增强环保法制观念，加大环保执法力度，对新建项目、改扩建项目和重点污染项目，严格执行环节影响评价制度；加大对省、市、县三级环境监测能力建设的支持力度，改善监测设备，提高监测技术和水平，提高流域环境保护执法能力。要建立跨省城市间的生态合作机制，合理规划居住区、生产区和生态区，充分考虑生态环境的生活和生产承载能力，建立健全岸线综合开发利用和保护协调机制，合理划分工业、港口、过河通道以及取水岸线，严格分区管理及用途管制，同时建立岸线资源的有偿使用和合理退出机制。

对生态脆弱的地区积极实施生态修复。从局部岸段的生态小区、小规模的生态型村镇着手，逐渐延伸扩展到生态型城区、生态型功能区，最后覆盖整个沿淮城市，将淮河生态经济带建设成为全国的环境保护和生态建设示范区。坚守自然生态的安全底线，保障地区生态安全，塑造沿淮城市群良好的综合环境和空间建设形态。

六、建立区域协调发展机制，推动沿淮城市群协同发展

城市群是中国经济格局中最具有活力和潜力的核心地区，是中国主体功能区战略中的优化和重点开发区，也是推进国家新型城镇化的主体。淮河生态经济带上中下游城市化水平差异明显，自淮河上游、中游到下游，沿途城市化水平依次提高。因而，沿淮城市群要创新体制机制，打破部门和行政区划界限，按照覆盖全流域的生态经济带建设规划，统筹协调淮河流域的经济社会发展，建立区域协调发展机制，充分挖掘淮河流域的发展潜力，使其成为建设"双循环"的一个国内战略支点。

首先，应建立沿淮城市群协调发展机制。统筹制定和实施沿淮城市群规划，明确沿淮城市群发展目标、空间结构和开发方向，明确各城市的功能定位和分工，统筹交通基础设施和信息网络布局，形成沿淮城市群协同发展，推动沿淮城市跨区域产业分工、基础设施、环境治理等协调联动。整合流域政策，逐步建立合理完善的法律保障措施，营造开放、公平、透明的市场竞争环境，实现人流、物流、信息流、资金流的快速互动和优化配置，实现流域互惠共赢，加快推进沿淮城市群一体化进程。

其次，应实施核心城市引领策略。支持淮安市实施"借港出海""海河联运"和"海港内移"战略，将淮安打造成区域交通枢纽和长三角北部重要的中心城市。支持蚌埠、淮南发展成为沿淮和皖北地区重要的加工、商贸、科技中心城市，使其成为安徽和江苏衔接的重要节点，以及联系皖江城市带和皖北广大区域的桥梁和纽带。

再次，应加快发展沿淮城镇体系建设。优化城镇体系可以获得最大的空间协同效应，可以以沿淮各县市和可建内河港的区域为重要节点，把有条件的县城和重点镇发展成为中小城市，加快沿淮地区新型城镇体系建设。推进城市基础设施一体化，形成以城市为节点，多种运输方式相互衔接、协同发展、快速便捷、功能完善的综合运输体系。加快信息基础设施建设，搭建信息网络交互平台，共享区域内各种资源。加强公共服务平台建设，建立区域统一的流动人员服务管理平台、科技公共服务平台等。有序推进外来人口市民化，同时与跨区域城市群联动，加强与城市群资源优势互补、产业分工协作，完善教育、医疗设施，配套商业、文化服务，形成理想的生活和商务环境，提高新城区人口规模。

第四节　总体战略定位

一、大河航运治理示范带

航运治理的最终落脚点在于建成第三条出海黄金水道。抓住国家内河航运发展和水利基础设施建设机遇，按照建设畅通、高效、安全、绿色水运体系和稳中求进、适度超前的总要求，在"通上游、畅中游、优下游、连支流"的目标指引下，统筹规划淮河干线航道及沙颍河、涡河、茨淮新河、沱浍河、洪汝河、汾泉河等重要支流航道的整治工程，最大限度开发干支流航运潜能，分段提高航道通航标准和船闸通行能力。积极呼应连云港，加快淮河入海深水航道建设，推进出海门户滨海港30万吨级航道工程，配套完善沿线港口、集疏运配套设施和服务体系，建设造福两岸民众的黄金水道，进一步拓展航道辐射范围，提高通达度，延伸水运的服务区域，形成通江达海、干支联网、港航配套、船舶先进、畅通高效、安全绿色、公铁水联运的现代淮河航运局面。

二、流域生态文明建设示范带

淮河流域南北方气候特征并存，农业发达，人口密集，历史上曾为我国经济社会发展做出重要贡献，目前经济相对落后。淮河生态经济带建设，偿还历史欠账，努力将淮河流域建设成为"美丽淮河"，使其生态文明、产业现代、环境友好、资源节约、城乡和谐。这既可以切实保障淮河流域生态安全，有效缓解未来发展的资源环境约束，又可为全国生态文明与"美丽中国"建设积累经验、提供范例。同时，将其作为建设"美丽中国"的重要抓手和重大工程，通过政府持续投入，推动淮河流域基础设施升级，从而促进中国经济持续发展。

在建设过程当中，始终把生态保护和环境治理放在首要位置，建立健全跨区域生态建设和环境保护的联动机制，统筹上中下游开发建设与生态环境保护，落实最严格的水资源管理制度和环境保护制度，着力保护水资源和水环境，加强流域综合治理和森林湿地保护修复，加快形成绿色发展方式和生活方式，把淮河流域建设成为天蓝地绿水清、人与自然和谐共生的绿色发展带，为全国大河流域生态文明建设积累新经验、探索新路径。

三、特色产业创新发展带

加快实施创新驱动发展战略，加强分工协作，联手推进科技创新，着力培育新技术、新产业、新业态、新模式，推动产业跨界融合发展和军民融合发展，加快传统产业转型升级，壮大提升战略性新兴产业，培育一批先进制造业龙头企业和优势产业集群，巩固提升全国重要粮食生产基地的地位，探索推进资源枯竭城市、老工业基地转型升级的有效途径，促进新旧动能转换和产业转型升级。

在直接功能层面上，要建设重要的能源保障基地。淮河流域煤炭资源丰富，是全国 14 个大型煤炭基地之一，对保障华东、华南地区能源供给具有重要意义。为缓解当前煤炭资源开发引发的生态环境问题，应按照高效开发、保护环境、有效保障的原则，合理控制煤炭开采量和消费量。优化淮河流域的能源结构，大力发展海上风电等清洁能源和可再生能源，加强煤炭的清洁利用，提高煤炭利用效率，有效控制大气污染物和温室气体排放，构筑以集约、绿色、多元、低碳为特征的能源产业体系，把淮河流域建设成为具有特色的、可持续的重要能源保障基地。

在综合建设层面上，要建设中国经济发展新的增长极。放大区位、交通、资源优势，加快流域产业结构调整，转变产业发展方式，提升产业层次，提高集聚水平，抢占高端产业发展制高点，推动重点产业高端化，打造一批优势特色产业集群和品牌，逐步建立起具有鲜明地域特色的现代产业体系，推动流域整体实现跨越式发展并成为中国经济发展新的增长极。要加快转变农业发展方式，发展高产、优质、高效、生态、安全农业，建设全国新型农业现代化先行区、特色农产品与有机食品生产加工基地。坚持走中国特色新型工业化道路，充分利用淮河流域丰富的煤炭、碱、盐、新能源资源以及成品油、天然气、煤炭、建材中转储配基地，建设中国特色非石油路线的烯烃产业集群，打造国家重要新型煤盐碱特色新型化工产业基地。依托流域丰富的铁精矿、钼矿、凹土、石英石、珍珠岩等资源，大力发展金属新材料、化工新材料、凹土新材料、硅基新材料，建设具有特色的先进制造业基地。依托科技创新，推动流域 IT、钢铁、汽车、现代装备制造、节能环保、生物医药、新能源、建材等优势产业集聚发展，提升产业内生优势，构建产业链高、中、低端有机统一的现代产业集群，夯实现代产业体系发展基础。

四、新型城镇化示范带

构建大中小城市和小城镇协调发展的城镇格局，增强区域中心城市综合实力，促进大中小城市、特殊小镇和美丽乡村协调发展，积极推进新型城镇化综合试点，分类引导农业转移人口市民化，实现产、城、人、文融合发展，完善城镇基础设施，增强公共服务供给能力，推进城乡基本公共服务一体化，全面提高城镇化水平和质量，努力在宜居宜业、城乡统筹发展方面探索新模式、新路径。

五、中东部合作发展先行区

立足上中下游区域比较优势，发挥淮河水道和新亚欧大陆桥经济走廊纽带作用，促进基础设施对接、合作平台共建、基本公共服务共享，全面深化区域合作交流，引导资金技术向内陆腹地转移，营造与国内外市场接轨的制度环境，加快构建全方位、多层次、宽领域的开放合作新格局，形成联动中东部、协调南北方的开放型经济带。

第三章　淮河生态经济带建设模式与空间格局

党的十九届五中全会指出，要促进经济社会发展全面绿色转型。2018年10月6日，国务院批复同意《淮河生态经济带发展规划》，这意味着淮河生态经济带建设正式上升为国家区域发展战略。随着《淮河生态经济带发展规划》被正式批复，淮河流域的环境保护和经济社会协调发展提升到一个新高度，这将为我国探索大河流域生态文明建设提供新路径、积累新经验。

根据《淮河生态经济带发展规划》，在新发展阶段，进一步加强淮河生态经济带建设，必须践行新发展理念，从生态系统整体性和流域系统性出发来扎实推进。要以习近平新时代中国特色社会主义思想为指导，全面贯彻党的十九大和十九届二中、三中全会精神，落实党中央、国务院决策部署，坚持稳中求进工作总基调，坚持新发展理念，按照高质量发展的要求，统筹推进"五位一体"总体布局和协调推进"四个全面"战略布局，以供给侧结构性改革为主线，着力推进绿色发展，改善淮河流域生态环境，实施创新驱动发展战略，深化体制机制改革，构建全方位开放格局，促进区域协调发展，推动经济发展质量变革、效率变革、动力变革，建设现代化经济体系，增进民生福祉，加快建成美丽宜居、充满活力、和谐有序的生态经济带。

与过去几十年单纯从防汛的角度来治理淮河的思路不同，这次国务院批复的《淮河生态经济带发展规划》，第一次从发展及生态保护的角度出发来治理淮河，改变了过去把发展和生态对立起来的做法；第一次布置5个省联合起来实行全流域治理，与过去各个省各干各的有了根本不同；第一次把水利、交通、农业、工业、商贸、旅游、文化等部门集中起来，提出综合性治理方案，这同过去各个部门各自行为有了很大区别；这是第一个从国家层面制定的全流域发展规划，把淮河流域治理和发展作为一个系统工程，体现了统筹协调、全面系统的规划理念。

构建淮河生态经济带发展新模式，首先要以习近平生态文明思想为指引，坚持把生态保护和环境治理放在首要位置，用最严格制度最严密法治保护生态环境，加快制度创新，强化制度执行，让生态环境保护制度成为开发建设刚性的约束和不可触碰的高压线；加强流域综合治理，促进上下游统筹，左右岸协同、干支流互动，推动区域高质量发展，加快形成绿色发展方式和生活方式，将淮河生态经济带建成人与自然和谐共生的绿色发展带；着眼长远建立以产业生态化和生态产业化为主体的新型工业化，加快实施创新驱动发展战略，强化分工协作与科技创新，加快传统产业转型升级，壮大提升战略性新兴产业，推进新型工业化，着力培育新技术、新产业、新业态、新模式，推动新型产业跨界融合高质量发展；着眼全面提高城镇化水平和质量的新型城镇化建设，构建淮河生态经济带大、中、小城市和小城镇协调发展的城镇格局；着眼上、中、下游区域比较优势，发挥淮河水道和新亚欧大陆桥经济走廊纽带作用，促进基础设施对接、合作平台共建、公共服务共享，全面深化区域合作协作；着眼农业现代化，强化农村基础设施提档升级，提高用水效率，改善农业生产条件，为现代农业发展提供生态安全保障能力和高效发展支撑能力，同时以流域水资源可持续利用为依托，积极培育多元化的农业新业态。

建设淮河生态经济带，推动淮河流域一体化发展，不仅是实现我国东中部地区经济融合发展的重要举措，更是加快沿淮地区经济高质量发展的有效路径。把淮河生态经济带建设作为扩大内需的一个战略重点，加大投入，兴利除害，使千年水患得以根治，可以使淮河成为我国第三条出海黄金水道，使淮河流域成为我国经济发展的增长极，为国民经济持续发展提供强有力的支撑。总体而言，构建淮河生态经济带的总体思路是从根本上改变长期以来淮河以防汛为主的传统思路，确立综合发展的新思路，将淮河流域得天独厚的区位、交通、资源产业等比较优势转化为经济优势，使淮河流域经济社会协调和可持续发展，工业化、城市化和农业现代化同步推进，成为造福两岸人民的黄金水道。同时，在淮河干流地区建立若干内河一、二类口岸国际港口，形成一个新型工业化产业带，发展一个新兴城市群。

第一节　构建淮河生态经济带发展新模式

生态经济带，相较于生态环境保护的自然保护区和经济发展的传统工业区而言，更加侧重生态环境保护和经济发展双重效应。建设生态经济带，有利于为生态环境脆弱地区的经济发展与生态环境保护提供有效途径。

一、淮河生态经济带发展现状

根据《淮河生态经济带发展规划》，淮河生态经济带以淮河干流、一级支流以及下游沂沭泗水系流经的地区为规划范围，规划面积 24.3 万 km²。江苏、山东、安徽、河南和湖北成为淮河生态经济带的联动省份。淮河流域介于长江与黄河两个流域中间，全长约 1000km。该流域具备得天独厚的发展基础，在我国经济社会发展中占据十分重要的地位。

区位条件优越。淮河生态经济带贯通黄淮平原，连接中东部，通江达海，与长江经济带地域相连、水系相通，京沪、京九、京广、陇海等国家骨干铁路和长深、沈海等高速公路在此交会，淮河水系通航里程约 2300km，京杭大运河、淮河干流及主要支流航运较为发达。

自然禀赋优良。该区域位于我国南北气候过渡带，生物多样性丰富，平原面积广阔，生态系统较为稳定，是我国重要的商品粮基地和棉花、油料、水果、蔬菜等重要产区，湖泊众多，水系发达，水产养殖业和畜牧业潜力巨大，矿产资源储量丰富、品种繁多，是华东地区重要的煤炭和能源基地。例如，淮安市岩盐已探储量约 1350 亿 t（未包含洪泽湖底），排世界第一位；信阳市上天梯非金属矿为亚洲第一大非金属矿，总储量 7.3 亿 t；盐城市石油和天然气已探储量约 800 亿 m³，预计超 2000 亿 m³，目前是我国东部沿海地区探测到的最大油气田。

发展潜力巨大。人力资源丰富，城镇化和消费市场潜力大。产业体系较为完备，装备制造、有色金属、食品加工等产业集群优势明显，高技术产业和战略性新兴产业发展迅速，军民融合发展势头良好。毗邻长三角等经济发达地区，承接产业转移的基础条件较好。

文化底蕴深厚。淮河流域是中华文明的重要发祥地，拥有楚汉文化、红色文化、大运河文化等丰富多彩的文化资源，国家历史文化名城、全国重点文物保护单位数量众多，群众性文化活动丰富，为在新时代弘扬中华优秀传统文化、推动文化事业和文化产业发展奠定了良好基础。

然而，淮河生态经济带内部分属各省的区域经济总量差距较大。淮河生态经济带是以淮河及其支流为纽带联系起来的带状经济区。在空间上，淮河生态经济带分 5 省 29 市（县），很多地市处于省际交界处，远离本省的行政和经济中心，整个淮河生态经济带处于众多省会城市和经济强市的环绕之中，在整个大区域中处于经济发展的洼地，行政区域的分割给区域间协同合作带来一定障碍。即使经济发展水平相对高的城市，例如徐州市、扬州市、泰州市、盐城市，也均处于江苏省内，其余市（县）在其各自省份中经济水平排名均比较靠后。淮河生态经济带与周围各市相比，经济发展差距明显。

二、淮河生态经济带建设的战略意义

淮河生态经济带是在兼顾自然地理、人文经济和行政区划等诸多因素的基础上，按照流域经济和区域一体化理论，以生态环境保护和经济发展为目标，形成的人与自然统筹发展的跨省域的生态经济共同体。

建设淮河生态经济带，有利于东中部和南北部协调发展，打造中国经济新增长极。淮河生态经济带的建设可以将周边的长三角经济圈、沿海开发区和皖江城市带有机衔接起来，这有利于促进淮河流域地区的经济发展、改善该区域居民的居住环境和提升其生活水平。综合分析人口、资源和国土面积等要素，淮河流域是当前我国潜力最大、起飞条件最为成熟的地区之一。《淮河生态经济带发展规划》的批复实施，可以充分发挥淮河流域承东启西、连南接北的区位优势，加速生产要素集聚，强化东部地区产业转移、西部地区资源输出和南北区域之间的交流与合作，将千里淮河打造成第三条黄金水道，成为整个国民经济增长的新引擎。

建设淮河生态经济带，破解了苏北腹地没有国家级重大发展战略直接支撑的问题，且与长江经济带、长三角区域一体化、沿海开发等国家战略衔接，可以有效提升苏北腹地的要素吸引力、产业集聚力和市场竞争力，对于推进区域协调发展、保障国家粮食安全、支撑国家能源安全、实施国家交通安全战略都具有重要意义。

淮河生态经济带的建设掀开了淮河发展新的一页，无论是理念还是方法上，都跟过去有很大不同，核心是把淮河流域治理发展当作一个系统工程，改变了过去各地各部门各自为政、条块分割的局面，必将有利于加快形成绿色发展方式和生活方式，把淮河流域建设成为天蓝地绿水清、人与自然和谐共生的绿色发展带，为全国大河流域生态文明建设积累新经验、探索新路径，增加淮河两岸人民福祉。

三、构建淮河生态经济带需解决的关键性问题

淮河地处北半球中纬度过渡地带、海陆相过渡地带和我国南北气候过渡地带，其在地理位置、自然环境、水系变化、社会经济、历史地位等方面具有特殊性，决定了其生态经济发展的复杂性、艰巨性、长期性和迫切性。由于受历史和自然条件的影响以及长期以来对跨省区域规划的不重视，淮河流域各省都没有把淮河流域的开发置于优先发展的战略地位，淮河流域经济一直处于落后状态，属于欠发达地区，并且流域内面临着洪涝旱灾频繁、水污染突出、水资源短缺、水土流失严重等生态环境问题。另一方面，与长三角、江苏沿海、皖江、中原经济区等周边各类国家战略区域相比，淮河流域存在生态环境压力大、经济发展落后、产业集聚水平低等劣势。淮河是我国第三大河，流域生态经济发展直接影响到国家的长治久安和兴旺发达，因此，转变经济发展方式，探索生态环境保护和经济发展之间的结合点，以创新理念发展生态经济，构建淮河生态经济带，成为缓解淮河流域人地矛盾、实现可持续发展迫切需要解决的关键性问题。

（一）管理地区分散，难以统一管理

当前，我国在水资源和水环境管理体制上仍然执行的是属地原则，流域内的管理权限属当地政府，这就必然地造成了每个单位都会从自身利益最大

化角度出发，制定管理办法并进行管理。而每个省、市的经济发展程度以及对环境的重视程度都有很大的区别，在没有形成生态经济带之前，整个流域无法做到统筹规划、协调合作，更谈不上统一管理。

（二）淮河流域治理思路单一

当前，淮河治理仍以蓄洪、排洪、减灾为主，其治理思路比较单一，没有全面发挥淮河流域的综合优势。淮河水患治理具有长期性、艰巨性和复杂性，而且随着流域经济社会的快速发展，流域治理与开发还面临许多新情况和新挑战。因而，需要从根本上改变淮河治理的思路，确立综合发展的战略，将淮河流域建设成为经济社会协调与可持续发展、造福两岸人民的生态经济带。

（三）沿淮流域经济发展滞后

淮河生态经济带与长三角、珠三角、环渤海地区一样有着十分优越的地理位置，如果合理开发，将会成为促进我国中部地区崛起和社会发展的重要平台。但是从目前来看，淮河生态经济带虽然具有明显区域优势，但经济结构不平衡，城镇化水平普遍较低，农业比重明显高于长三角、珠三角及环渤海地区，淮河流域的工业多为基于当地资源优势发展起来的煤炭、电力能源、食品、轻纺、造纸等高消耗、高污染工业，第三产业发展相对落后，难以满足人们日益增长的物质文化需求。

（四）淮河流域生态环境压力大

首先，洪涝干旱灾害重。淮河地处我国南北气候过渡带和东西部交界地带，具有特殊的自然条件和人类活动特征，天气系统复杂多变，降水时空分布很不均匀，洪涝和干旱交替发生，严重阻碍了沿河两岸经济的发展。其次，水污染问题突出。十几年来，我国一直在加强对淮河流域污染的治理，但水污染形势依然严峻，淮河断面遭受工业污水、城市生活污水以及农药、化肥等面源污染较为严重，远超水体的纳污能力，河流大多处于"病态"。即使污染相对较轻的淮河干流和沂河水系，也处于亚健康状态，水生态系统遭到破坏。

四、不同地区推进淮河生态经济带发展的举措

（一）安徽省推进淮河生态经济带建设

自国务院批复印发了《淮河生态经济带发展规划》以来，安徽一直在有力有序有效推进淮河生态经济带建设任务。在基础设施互联互通、产业优化、环境综合治理、公共服务等方面，迈出坚实步伐。

1. 绿色理念引领生态经济发展

一是大力发展多功能循环农业。发展多种生态循环农业，探索创新产品生态圈、企业生态圈、产业生态圈三位一体的生态农业产业化发展新路，构建"示范主体小循环、示范区中循环、流域大循环"的现代生态农业产业化发展体系。二是加大生态工业体系构建力度。以节约优先的原则，加强流域工业技术改造与技术进步，推进工业低碳循环发展，提供有效的市场供给。三是积极引导服务业提质增效。在商业领域，鼓励发展绿色批发、零售和绿色消费；在物流领域，依托综合交通运输体系建设，提高物流配送效率；在旅游领域，引导生态旅游和农业观光旅游，逐步构建具有地方特色的文化旅游服务业体系。

2. 推进绿色生态廊道等专项规划编制

近年来，安徽高度重视淮河流域发展。早在"十二五"期间，就开展了淮河流域经济发展政策研究，与沿淮各省积极推动淮河经济建设上升到国家层面。淮河生态经济带是安徽重要的区域板块。为了促进淮河生态经济带建设，安徽一直致力于推进淮河生态经济带绿色生态廊道、产业发展、基础设施网络、公共服务等专项规划编制；并围绕生态环保、基础设施、产业创新等，谋划储备和动态调整淮河生态经济带重大项目工程，加强定期调度，做好跟踪分析，协调推进重点项目建设。

3. 差异化产业布局推进各园区错位发展

近年来，安徽全面落实支持淮河生态经济带产业发展各项政策措施，加快承接产业转移步伐。淮北铝基新材料、亳州现代中药、宿州云计算、蚌埠硅基新材料、阜阳现代医药、淮南大数据、滁州智能家电等一批战略性新兴产业发展壮大。接下来，安徽将加快建设皖北承接产业转移集聚区，依托国

家级、省级开发区和省级（际）合作共建园区，充分发挥资源优势、比较优势和后发优势，合理确定产业承接方向和重点，积极参与长三角产业分工协作，推进有序承接、错位发展；并发挥各集聚地的优势和特色，完善提升基础设施，引导产业集群集聚，提高园区空间承载能力。

4. 基本实现敏感水域联防联控全覆盖

安徽一直在着力推进水污染防治实施计划，巩固淮河治污成效，突出环境问题整治。安徽省还推动建立洪泽湖区域生态补偿机制，积极推动跨界上下游地区之间建立会商制度，加强区域协作联防联控，签订跨市、县水域联防联控协议29份，基本实现敏感水域全覆盖。

5. 推动毗邻地区开通城际公交与通勤班车

在公务服务方面，除了全面实行政务服务"好差评"制度，安徽省还在淮河生态经济带不断优化省公共信用信息共享服务平台，扎实推进农民工返乡创业国家试点。今后，淮河（安徽）生态经济带还将大力发展沿边经济，推动毗邻地区城际公交和城际通勤班车开通，加快交通同城一体化进程，推动省际交界地区联动发展。

（二）淮安推进淮河生态经济带绿色发展新模式

淮安是安徽的一员，作为首提首推的重要节点城市，淮安市高度重视淮河生态经济带建设工作，借助淮河生态经济带这一国家战略推动淮安更高质量发展。

1. 凝聚各方智慧

为了更好地建设淮河生态经济带，淮安市举办了"季季谈"活动，发动市各民主党派、工商联和无党派等力量，围绕淮河生态经济带战略落地落实，为建设淮河生态经济带的建设建言献策。作为淮河生态经济带首提首推城市，淮安市有责任有义务带头抓好《淮河生态经济带发展规划》的落地落实，要在生态保护上展示淮安担当，在绿色发展上体现淮安作为，在功能定位上彰显淮安优势，在深化合作上贡献淮安智慧，全力推动淮河生态经济带政策红利充分释放，为全市高质量发展提供新的动力支撑。

2. 建设生态智慧城市

淮安一直以来在寻求抢抓淮河生态经济带这一国家战略机遇的突破口，

生态智慧城市便是一次率先实践。生态底色＋智慧经济，淮安力图在这条"绿边"上打造一个绿色发展、创新发展的样板。

3. 推动产业数字化、数字产业化互补，建设城市综合体

淮安是高铁、高速公路的枢纽，未来淮安高铁枢纽如果进一步得到加强，将带来与周边城市的联动同城发展，那么，淮安将是承接淮河生态经济带大城市产业和功能外溢的优选之地，并有望成为跨省合作的先行兵。淮安将由"一个主城单打独斗"到"组团发展"，将依托枢纽新城，把高铁枢纽、火车站、淮安机场、港口码头、环城高架、商业办公、交通设施整合在一起，并串联周围的景观湖面。其规划按"站城一体"理念设计，建成后将成为融合轨道交通、商业办公等于一体的城市综合体。

（三）滁州市凤阳县积极推动淮河生态经济带绿色发展

在推动淮河生态经济带绿色发展方面，凤阳县致力于打好生态牌、水利牌、人文牌和观光牌 4 张牌。

1. 生态牌

在生态方面，凤阳县系统实施淮河生态治理修复工程，开展"百日攻坚行动"，推进淮河、濠河流域水环境治理。

2. 水利牌

在水利方面，凤阳县将移民安置与淮河行蓄洪区调整结合起来，采取移民建镇集中安置为主、分散安置为辅方式，将 9 个安置点整合为 4 个。

3. 人文牌

以淮河、花园湖水体为载体，深入挖掘淮河流域人文和千年治淮历史，发展一批"凤阳是个好地方"沿淮旅游农家小院，启动临淮湾城起步区建设等。

4. 观光牌

提升淮河沿岸生态景观，统筹实施河岸整治、堤坝加固、违建拆除，建设"和我一起看淮河"旅游路线，启动治淮博物馆建设，展示淮河文化和凤阳治淮成果。

（四）河南省信阳市积极推动淮河生态廊道建设

1. 干流生态廊道贯通工程

对淮河干流两侧河道管理范围线外 100~300m 目前仍没有绿化且适宜造

林绿化的空间，按照宜宽则宽、宜窄则窄的原则，全部进行造林绿化，贯通左右岸"绿廊"。

2. 干流生态廊道提质增效工程

对淮河干流两侧河道管理范围线外已绿化但质量不高的地块，通过改种或补栽、更替改造、择伐补造、抚育改造、渐进改造等方式进行补植补造和修复，不断提升生态廊道质量。

3. 干流森林乡村建设工程

按照森林乡村建设标准，科学统筹生产、生活、生态空间，通过开展村庄绿化、庭院绿化、围村林建设，实施房前屋后"见缝插绿"，把淮河干流两侧河道管理范围线外 2km 范围内的村庄建设成环境优美的森林乡村。

4. 干流农田林网建设工程

按照高标准农田林网建设标准，在淮河干流两侧河道管理范围线外 2km 米以内的平原农区，进一步提升农田林网建设质量，改善农田生态环境，助力粮食增产增收。

5. 淮河沿线湿地保护工程

开展退耕还湿、退养还滩、生态补水、水生植被恢复，稳定和扩大湿地面积，充分发挥湿地生态系统的碳汇功能。在淮河干流建设罗山县省级淮河湿地公园、潢川县省级淮河湿地公园和出山店省级湿地公园，在淮河一、二级支流建设一批市级湿地公园，全面加强小微湿地保护修复，积极推进乡村小微湿地保护示范建设。

五、淮河生态经济带发展模式选择

构建淮河生态经济带发展新模式，沿淮各市需要进一步完善协同机制，促进城市合作，全面深化市场化改革，提高资源配置效率，推动重大基础设施互联互通、乡村振兴、公共服务体系等方面建设，打造跨区域产业合作开发平台，进一步构建多主体、多领域、多层次的工作推进机制，不断提升淮河生态经济带整体实力和影响力。同时，需要树立"尊重自然、顺应自然、保护自然"的生态文明理念，坚持"一个方针、两项转变、三个亮点、四大基地、五个结合"发展思路，加大国家政策扶持力度，促进流域经济转型升级，注重保障改善民生，加速城乡一体化进程，形成节约能源资源和保护生态环境的产业结构、增长方式、消费模式，走多极集聚、城乡统筹、生态宜居、民生安全和共同富裕的城镇化道路，努力建设美丽淮河，推动淮河流域成为我国下一轮经济发展的增长极。

一个方针：把生态文明建设放在突出地位，实施可持续发展战略，促进流域经济社会与人口、资源环境全面协调发展。

两项转变：以流域协调发展作为切入点，由淮河治理向全流域综合开发转变；以流域发展方式转变作为切入点，推动淮河流域粗放型经济发展向集约型经济发展转变。

三个亮点：解决淮河水患；构建现代农业示范区；建设现代产业体系。

四大基地：全国新型煤盐碱化工产业基地、新材料产业基地、先进制造业基地和特色农产品深加工基地。

五个结合：一是结合淮河水利工程建设、淮河治理，超前规划建设现代水利工程，提高水资源调控能力，从根本上治理淮河水患；二是以上游控制性工程、千里河川式水库建设为基础，调蓄兼筹，打造黄金水道，形成铁、公、水、空、管于一体的现代综合交通运输体系，促进沿岸地区经济一体化发展；三是结合产业全球布局、产业转移和创新，整合流域资源禀赋，发展新能源、新材料、节能环保、现代装备制造等，打造新型工业特色产业基地；四是结合农业发展方式转变，以国家粮食生产核心区建设为重点，加快推进农业现代化，构建国家级现代农业综合开发示范区；五是结合新型工业化、信息化、城镇化和农业现代化"四化"同步推进，破解城乡二元结构，带动内需扩大和就业增加，推动淮河流域新型城镇化建设。要坚持以习近平生态文明思想为引领，在淮河生态经济带大战略的牵引下，牢牢把握高质量发展的战略要求，树牢一体化意识，强化"一盘棋"思想，落实"一张图"规划，坚持战略协同，打造"全面融合共同体"；坚持创新协同，打造"互通有无共同体"；坚持产业协同，打造"上下链接共同体"；坚持绿色协同，打造"生态建设共同体"；坚持民生协同，打造"福祉共享共同体"；合力推动淮河生态经济带更高质量发展。

淮河生态经济带建设逐步成为经济健康发展的支撑点、人民幸福生活的增长点、区域协调发展的创新点。建设淮河生态经济带，要着眼于生态、产业、创新、联动等方面，既要守护好生态，也要打响品牌；既要发展生态旅游，也要发展绿色制造；既要建设生态长廊，也要建设科创走廊；既要交通互联，也要资源要素全方位融合。总体而言，构建淮河生态经济带发展新模式需要注重以下几个方面。

（一）加强生态环境修复和保护是淮河生态经济带建设的前提

绿色发展是新时代经济发展的底色，建设淮河生态经济带，生态是底色，必须树立环境与经济共同发展的思路，把修复和保护淮河流域生态环境作为重要前提。淮河流域具有生态的重要性和脆弱性双重特性。一方面，淮河流域地处我国南北气候过渡带，生物多样性丰富，平原面积广阔，生态系统较为稳定。维护和优化区域生态系统，打造水清地绿天蓝的生态经济带，对构建南北气候过渡带重要生态廊道、改善总体自然环境、维护国家生态安全、促进人与自然和谐共生具有重要作用。另一方面，该地区水土资源承载能力有限，生态环境容量受到抑制，存在植被破坏、水土流失、山体滑坡、地面沉降、水质与土地污染等一系列问题。这意味着，加快构建淮河生态经济带新模式需要转变过去粗放式发展的思路，树立绿色发展的新思路。

强化湿地生态系统保护。严格限制与湿地保护无关的开发利用活动。大力实施湿地保护与修复、退圩（耕）还湿、天然植被恢复等工程建设，建立湿地信息管理系统和湿地监测系统，完善重要生态功能区的保护和补偿机制。加强水土流失综合治理，构建水土保持综合防护体系。推进森林生态系统建设，保护生物多样性。因地制宜建设一批自然保护区，建立生物多样性基础数据库，规范野生物种和转基因种源管理。统筹推进压煤村庄搬迁安置、土地复垦、无害化再利用、生态修复等，鼓励探索集环境补偿、资源补偿、用地保障、失地农民生活保障等于一体的矿山生态恢复治理新机制。创新治理模式，鼓励和引导各类主体通过多种方式参与治理。

生态兴则文明兴，生态衰则文明衰。总之，构建淮河生态经济带新模式，要以绿色发展为主线，加强环境保护和生态修复，要创新路径、多管齐下，建立起可循环的绿色经济体系，实现生态保护和经济发展的无缝衔接。

（二）加强产业结构调整是淮河生态经济带建设的根本之策

经济发展的直接体现是产业发展，经济发展的快慢受到产业结构的直接影响。因此，推动淮河生态经济带的建设，要根据特色，强化节能、环保、安全、质量的四类标准，着力优化产业布局，延伸产业链条，引导传统产业向规模化、品牌化发展。依托中心城区吸引高端要素集聚，重点发展现代物流、金融服务、研发设计、商务服务、节能环保等服务业，构建覆盖城乡的服务网络，打造具有区域特色的生产性服务业高地，提高服务业在三次产业中的占比，全面提升服务业发展水平。要推动各地区在协同配合的基础上发展适宜的产业门类，以开发区为载体，建设承接产业转移示范区和加工贸易梯度转移承接地，推动产业协同合作，联动发展，建立富有竞争力的产业结构。

从整个区域的视角看，一方面，应当基于发挥比较优势的原则，通过产业规划等手段，形成产业在地区间的有效分工和合理布局；另一方面，应通过共建产业园区、协同打造产业集群等形式，整合区域力量，积极发展战略性新兴产业和未来产业，推进产业基础高级化和产业链现代化。从各个地区的视角看，应立足于现有基础和发展条件，大力发展具有竞争力的适宜产业。不能忽视有比较优势的传统产业的发展，不要认为发展传统产业就没有前途，何况传统产业还可以用高科技进行赋能。要认识到，对一个地区来说，适宜的产业结构是最具可持续性的，也是最具有竞争力的。

（三）加强数字淮河建设是推进淮河生态经济带建设的支撑

创新是国家强盛的持续动力，以创新推动数字淮河建设，是保持经济中高速增长，实现优质高效增长的有力支撑。人类进入信息化、智能化发展新时代，数字技术已成为开展一切经济社会活动的必要条件。数字产业化、产业数字化是新时代经济运行的基本特征。数字技术大大降低了一个地区对自然条件和历史基础的依赖，能够推动跨区域的资源要素利用，也就是说，通过数字基础设施可以加快弥补传统基础设施建设不足带来的经济发展差距，帮助相对落后地区加快发展。因此，构建淮河生态经济带新模式，要围绕新技术应用、新产品开发、新业态拓展，充分利用互联网、大数据、云计算等新一代信息技术，重点加大对制造业、加工业、能源原材料、食品等产业的升级改造，提升传统产业档次，加快企业智能化和绿色化改造，培育形成新兴产业。另外，淮河地处南北气候过渡带，降水季节差异大，数字淮河建设、大数据技术的运用，能进一步提高防灾减灾能力，做到蓄泄兼顾，促进农业灌溉、工业生产，发展航运，进而推进铁路、公路和航运的立体发展，形成淮河流域开放发展的新优势，从而在我国新发展格局中发挥更大作用。

（四）地区间协同联动是淮河生态经济带建设的有效载体

协同联动的本质是开放合作，无论是发展较好地区还是相对落后地区，这样做都能深受其益。也就是说，对于发展较好地区来说，联动可以拓展更大的发展空间；而对于相对落后地区来说，通过协同联动，不仅可以借力外部资源、技术，对接先进体制、规则，还能够把强有力的竞争对手转变为紧密的合作伙伴，从而加快自身发展。因此，协同联动有利于解决自身发展条件相对短缺的问题，使各个地区能够在更大范围内利用和配置资源要素；同时能够整合区域内优势资源要素，全面提升各领域各环节的创新能力和对关键核心问题的攻坚水平。有利于促进各个地区实现合理分工，避免造成资源重复配置和市场恶性竞争，从而做实做强比较优势，提高整体竞争力和综合发展能力。在国家战略推动和自身积极努力下，许多发达地区已经步入了协同联动甚至一体化发展进程。在这种情势下，相对落后地区如果忽视协同联动，毫无疑问会进一步拉大与发达地区的差距。

淮河生态经济带涵盖5省29市（县），辐射地域非常广，如果能排除地区间各种形式的封锁与分割，通过开放合作实现资源要素配置运用的优势互补、相互支撑，更加深入地推动地区间的协同联动，将会使淮河生态经济带呈现出更有效率、更高质量的发展格局。所以，构建淮河生态经济带新模式，第一，要打破部门和行政区划界限。通过制定一个全流域的总体发展规划，统筹协调淮河流域的经济、社会发展，充分挖掘淮河流域的发展潜力，使其成为扩大内需的一个战略重点和国民经济持续发展的强力支撑。第二，要加快市场体系建设。制定统一的市场准入制度和标准，推进区域间各种互联互通，加快形成统一透明、有序规范的市场环境，全面提高资源配置的效率。第三，要加强流域治理。按照"谁开发谁保护、谁受益谁补偿"的原则，建立相互衔接的跨行政区域工作机制，对流域产业和项目布局实行严格的规划管控，共同核定水域纳污能力，严格入河排污口的监管和审批，加强入河排污总量控制，强化流域水质监测管理，制定产业准入负面清单，严格环境准入标准，严控产业增量。第四，要坚持绿色发展，将流域综合治理的目标纳入美丽乡村建设的内容，全面整治农业面源污染、畜禽养殖污染；加快村、镇生活污水处理设施建设，确保日常保洁机制有效运转，避免垃圾入河入溪。第五，要加强区域协作分工。按照统筹规划、短板共补的思路，流域内各地市政府在平等、协作的基础上，通过签订规范的制度来实现城市间的利益转移和利益在各城市间的合理分配，实现利益分享。

协同联动在很大程度上决定着淮河生态经济带的建设速度与质量，因此，加快淮河生态经济带建设，促进沿淮地区经济一体化发展势在必行。对于沿淮城市来说，这是一个千载难逢的机遇，也是一次历史性的挑战。要创新思路、创新观念、创新方法，建立健全平衡各方利益的体制机制，加强统筹，齐心协力推动协同联动向深层拓展。

（五）增强黄金水道能力是淮河生态经济带建设的首要选择

淮河流域和黄河流域、长江流域一样，是我国古代文明的重要发源地，经济也得到较早的开发。淮河黄金水道的通航和运输可以有效降低能耗、运输等成本，有利于淮河流域经济的发展，然而，航道等级和通航能力偏低，运输效率低，港口、码头建设滞后，联运能力差等问题，无不制约着淮河水运发展。

要充分发挥淮河黄金水道的作用，必须优先夯实水运基础。第一，加强航道维护和管理，加强淮河干流航道疏浚、船闸改造等措施，保障航运畅通，提高航道安全性，更好地发挥淮河的航运功能。第二，建立健全岸线综合开发利用和保护协调机制，合理划分工业、港口、过河通道以及取水岸线，严格分区管理及用途管制，同时建立岸线资源的有偿使用和合理退出机制。第三，完善综合运输通道和交通枢纽节点布局。加强铁路、公路、水运、航空等运输方式之间的衔接，优化运输结构，提高运输效率。以淮河黄金水道为主轴，应用智能交通管理系统，构建东西相通、南北联动、河海一体的快速城市群交通网。

（六）借助战略功能平台推动淮河生态经济带建设

各式各样的战略功能平台是国家重要战略或改革发展重大使命的载体，具有强大的集聚资源的功能，能给所在地区带来巨大的发展红利。因此，争取国家设立战略功能平台是发达地区得以加快发展的一个重要途径。深圳就是一个很好的例子，借助国家不断赋予的战略试验功能，深圳40年来实现了快速发展，从原来的小渔村发展成国际化大都市。因此，构建淮河生态经济带发展新模式，应高度重视国家战略承接运用，把借势战略功能平台作为追赶跨越的一个关键举措。需要更多地发挥自身的能动性，强化技巧性运作，积极对接国家重大战略，能联则联、能融则融；要借助国家战略建立良好的承接平台，进一步争取先行先试的权利和延拓关键性发展政策；要突出自身在国家发展全局中的特殊优势，争取国家为本地区量身打造发展战略。

淮河生态经济带区域城市要更加注重产业绿色发展，更加注重平台合作共建，更加注重改革创新实践，更加注重环境共治共享，更加注重交通互联互通。只要大家一起努力，淮河生态经济带一定能够成为"一带一路"、长三角、大运河文化带潜力无限的增长极，成为全国高质量绿色发展的代名词。建设淮河生态经济带，沿淮各市县可以考虑共育经济发展新动能，共建绿色低碳产业体系，共推绿色生态发展廊道建设，共推智慧交通基础设施规划建设，共建淮河生态经济一体化运作体制机制。

（七）地区因地制宜，发挥比较优势

在淮河生态经济带统筹规划的基础上，三大地区要依靠自身社会经济生态条件，因地制宜，探究出更适合自身绿色发展的途径。

东部海江河湖联动区，要依靠自身区位优势，加大开放力度，引入优质外资和先进产业技术落户，利用外来先进的生产设备、技术和经验，提高自身生产效率和经营管理水平，降低污染物的排放。同时，要提高对外资企业的污染排放标准，加大对其监管力度，倒逼企业降低排放，清洁生产，提高绿色经济效率。区域工业化程度较高，需要及时进行产业结构调整，发展一些高效益、低污染的高新技术产业。

北部淮海经济区要积极调整技术含量低、能耗高、污染严重、市场竞争

力不足的企业，对其进行企业技术改造和兼并重组，提高经济增长质量和收益。同时，提高企业清洁生产能力，控制污染物排放，促进地区绿色经济效率的提升。对于徐州、临沂等中大型城市，要统筹规划、调整城镇化发展路径，稳步推行高质量的新型城镇化，让新型城镇化成为经济的新增长点。

中西部内陆崛起区在维持环境良好状况的同时加大经济发展力度。对于经济发展水平低，但绿色经济效率较高的地区，要充分发挥地区资源禀赋优势，保证绿色经济稳步发展。对于绿色经济效率水平低的资源型城市，应该注重对先进开采技术和生产技术的引进，科学合理地开发利用资源，提高绿色经济效率。同时，中西部地区深居内陆，在承接发达地区产业转移中，应降低劳动密集型和资源密集型产业的比重，提高新兴产业和第三产业的占比，减少污染转移的发生，而且要积极研究相应对策措施加以防范，最大限度地减少产业转移带来的负效应，实现地区经济和生态共同进步。

淮河流域各地经济社会状况各异，发展水平、发展质量不一，发展模式选择上需要充分发挥各自比较优势，因地制宜谋发展。具体行动方案落实以下两点。

第一，淮河生态经济带各区域要有方向、有重点地推进绿色发展。具体而言，东部地区要以提高社会事业发展水平为重点，提升社会保障水平，完善科教文卫事业服务体系；北部地区要增加科技研发资金投入，加快向绿色高端化产业转型；西部地区要全面提高绿色发展水平，降低污染排放，加快经济转型，要快速突破现有的绿色发展瓶颈，着力提升绿色发展质量。绿色发展较为落后的 7 个市，周口、驻马店应加快科技创新，提升第三产业在地区生产总值中的占比，提高经济增长质量；漯河、信阳要完善科教文卫事业服务体系，提高社会事业发展水平；阜阳、宿州、商丘要增加科技研发资金投入，加快向绿色高端化产业转型。

第二，发挥淮安、泰州、盐城、扬州、徐州等绿色发展水平较高城市的引导、辐射和带动作用，着力打造淮安、泰州、盐城、扬州、徐州等绿色发展极。不断完善淮河生态经济带航道网络、运输网络、产业网络、生态网络和文化网络，优化城市产业分工，整合人流、物流、资金流、信息流等，通过基础设施相连相通、产业发展互补互促、资源要素对接对流、公共服务共建共享、生态环境联防联控和应急机制建设等措施，发展共生城市体系，促进区域协作，推进淮河生态经济带绿色协同发展，防止绿色发展的分化。

（八）统筹城乡融合发展

按照产业兴旺、生态宜居、乡风文明、治理有效、生活富裕的总要求，统筹推进农村经济建设、政治建设、文化建设、社会建设、生态文明建设和党的建设。巩固和完善农村基本经营制度，深化农村土地制度改革，完善承包地"三权"分置制度。落实乡村振兴战略规划，优化村落布局，突出乡村特色，传承历史文化。推动绿色发展，建设美丽乡村和生态城市。加快农村公路、供水、供气、环保、电网、物流、信息、广播电视等基础设施建设，推动农村基础设施升级，提高城乡之间的联系和互通水平。加强农村社会保障体系建设，提升公共服务水平，加大教育、医疗、文化等方面的投入，提高城乡居民的生活质量。推进城乡一体化发展，促进城市和农村之间的协调发展，实现城乡资源共享、人才流动、信息互通等。加强产业协同发展，促进城市和乡村之间的产业协作，推动城乡经济一体化发展。

六、加强组织实施

（一）明确主体责任

江苏、安徽、山东、河南、湖北是淮河生态经济带建设的责任主体，要坚定不移贯彻党中央、国务院决策部署，合力推进淮河生态经济带建设。要加强对规划实施的组织领导，完善工作机制，明确推进机构，落实工作责任，按照规划确定的发展目标和重点任务，制定实施方案和专项规划，确保规划目标任务落到实处。要建立健全省际、市际协调会商机制，探索建立城市联盟和城市协调机制，实行重大设施统一规划、重大改革统筹推进，率先在生态环保、基础设施、产业转型等重点领域取得突破性进展。

（二）加强组织保障

建议淮河流域 5 省建立省际联席会议制度，由分管副省长任协调机构领导小组成员，协调解决规划实施过程中跨省域的重大事项、区域发展重大问题，协同推动跨区域重大项目实施。推动在市际层面成立城市商会，研究制定城市合作政策，会商城市合作重大问题，推动城市合作项目实施，共同推进淮河生态经济带高质量发展。支持组建若干专委会和行业联盟，吸纳社会各方面力量广泛参与规划和方案实施，提供智力、资金和技术支撑，并开展相关活动。

（三）以系统思维统筹做好相关战略规划的融合对接

战略叠加并不意味着叠加效应必然产生，战略坐标点只有有机融入坐标系之中，才能找准自身定位、发挥支点作用。要树立系统思维，做好顶层设计、总体谋划和系统安排，把《淮河生态经济带发展规划》与其他相关国家战略规划有机融合，统一规划、统一运作、统筹推进，促进叠加战略规划、政策工具之间的协调互动，集中释放国家战略"1+1>2"的组合叠加效应。

（四）营造有利于区域融合发展的政策机制环境

建设淮河生态经济带，既是国家的大事要事，也是沿淮地区的重大政治责任。《淮河生态经济带发展规划》已成为淮河生态经济带建设的"总设计图"。在实施的过程中，既需要围绕《淮河生态经济带发展规划》"按图索骥"，把实施方案作为抓落实的落脚点；也需要争取国家和省级层面进一步加强组织推进和统筹协调，在组织领导、协调推进、政策创新等方面给予更多指导、更大力度支持。在机制层面，建立合作机制，搭建合作平台。推进淮河生态经济带规划建设，是一项跨地区、跨部门的系统工程，不仅需要有关省、市、县区主动作为、积极争取，更需要中央层面各相关部委机关鼎力相助、协调配合。在政策层面，细化扶持政策，增强要素吸引力。与发达地区相比，淮河生态经济带沿线吸纳集聚资源要素的引力不强，支撑高质量发展的资源要素不足，优质项目、高端人才和科技资源相对匮乏。因此，亟待省级层面围绕投资、财税、金融、土地、环保、对外开放等领域，进一步细化实化相关支持政策。

（五）建立健全跨区域协调体制机制

淮河生态经济带建设的方方面面，譬如经济社会发展、产业合作、生态环境保护等，都需要依靠中央和地方不同管理部门、省市不同行政区的协力合作。因此，建设淮河生态经济带，需要打破部门和地方利益分割，建立健全跨部门跨地区协调体制机制。

首先，要加强立法。法律是保障。为了更好推动淮河生态经济带的建设，必须通过制定相应的法律实现统一协调和治理，从而促进整个流域经济社会的可持续发展。其次，要建立跨区域产业合作推进机制。淮河生态经济带的建设需要各省市突破行政区域的束缚，发挥政府引导作用，加强互联互通建设，降低阻碍要素自由流动的壁垒，通过统一的产业规划和政策来形成区域的合理分工，提升整体的产业能级；通过构建淮河沿岸5省之间的高层次协商议事机制，来打破区域之间的行政壁垒，推动跨区域的产业联动。最后，构建基于国家战略的生态环境保护协调机制。从国家顶层设计层面来制定淮河生态经济带生态环境保护的总体规划和机制安排，探索建立跨区域环境保护监督检查机构，推动实现省市之间跨区域环境污染和生态破坏联防联治。

第二节　建设"淮(安)盐(城)+蚌(埠)淮(南)+信阳"三大区域中心城市

党的十九大报告明确提出实施区域协调发展战略，强调要建立更加有效的区域协调发展新机制；要以城市群为主体构建大中小城市和小城镇协调发展的城镇格局，加快农业转移人口市民化。这将成为推动区域中心城市建设发展的强大动力。

中心城市是一个综合性的概念，它包括政治、经济、文化等方面的集聚效应与扩散效应。区域中心城市是一定区域内城镇体系等级最高的城市形态之一，处于市场和交通网的中心位置，向整个区域输送物资及服务等，影响范围覆盖所在的地区。区域中心城市建设与区域经济的关系紧密。区域中心城市建设是区域经济发展的重要组成部分。区域中心城市聚集了优质资源后，又通过其辐射作用将科技创新、优秀发展理念等向外围延伸。通过区域中心城市对区域内其他城市的经济辐射，带动区域内经济社会的协调发展。因此，区域中心城市的建设已经成为促进区域经济发展的重要推动力量，区域中心城市建设质量的高低是区域经济发展水平的体现和标志。区域中心城市在区域经济发展中起着重要的带动和辐射作用，对于提升区域的竞争力、增强区域发展的可持续性、促进区域经济健康发展、快速形成产业经济带都具有重要的意义。区域中心城市建设也是提升城镇化水平的重要途径，通过区域中心城市建设可以有效带动周边区域城镇化发展水平。区域中心城市作为区域各种资源集聚的中心、经济的核心地带，已经成为带动区域乃至国家发展的引擎。

1. 区域中心城市建设是实现经济发展目标的重要选择

区域中心城市是区域内城市体系等级最高的城市发展形态之一，市场集中，基础设施完善，营商环境优越，处于商业和交通干线的中心位置，能向整个区域输送物资、服务及资金，以此实现产业、人口、金融等要素的集聚。区域中心城市是一定区域的政治和文化中心。区域中心城市具备生产、交通、分配、消费最集中，科技、教育、信息、服务最发达，经济联系广泛，生产要素最集中，综合实力最雄厚等优势，对经济发展具有全局影响。运用区域中心城市的这种特殊性、综合性的功能和其强大的吸引力与辐射力，有助于形成推动经济发展和社会进步。

2. 区域中心城市建设是进一步扩大开放的重要举措

区域中心城市作为对外开放的最前沿，已成为区域经济连接世界的桥梁和纽带。面对经济、科技全球化趋势带来的机遇和挑战，可以通过区域中心城市进一步引进资金、资源、技术、管理经验，积极开发利用国际资源和国际市场，加快我国经济同世界经济一体化的进程。

3. 区域中心城市建设是实现国民经济持续、健康发展的关键

区域中心城市的生产功能、流通功能、服务功能必然会带动交通、通信、环保等基础设施建设，派生出巨大的投资需求。而城市基础设施的完善，必将促进人民生活质量的提高，催生一批新的消费热点，也会有力促进第三产业的快速发展。区域中心城市功能的完善，还将促进城乡一体化发展，加快广大农村的城镇化进程，形成与中心城市互补的城镇网络。

4. 区域中心城市建设是促进区域经济协调发展的有力抓手

目前，我国区域经济发展处于不平衡的状况，不利于国民经济的协调发展，还会引发各种社会问题。实施区域中心城市牵动战略，可以为具有不同发展优势和不同发展水平的区域中心城市创造均衡发展条件，能够有效促进

以区域中心城市为核心的不同层次的区域经济发展，从而体现兼顾公平的原则，逐步促进全国经济布局合理化，不断缩小地区发展差距，最终实现共同富裕的目标。

5. 区域中心城市建设有助于构建新型城镇化格局

党的十九大报告中指出"要以城市群为主体，构建大中小城市和小城镇协调发展的城镇格局，加快农业转移人口市民化"，这对新型城镇化提出了更高要求。大城市集群是由都市圈、城市群和城市带三种基本形态组成。而都市圈则是以区域中心城市为核心，与周边城镇形成密切经济联系的一种空间布局。区域中心城市能将市场、产业、企业家、金融和商业机构等要素集中起来，同时在区域空间结构成熟后形成城市的向心力和辐射力，以此来改变区域产业格局、交通格局和经济格局，这是我国构建新型城镇化格局的重要途径。依据空间经济网络布局理论考虑城市的中心性、聚集效应以及对次级城市的扩散效应，是实现大中小城市与小城镇协调发展的关键。

一、淮（安）盐（城）区域中心城市的建设

（一）淮安区域中心城市建设的现状

从经济建设而言，淮安的经济发展基础较为薄弱，大型金融机构数量较少，市中心大型金融商贸集群不明显，淮安的经济总量占全省的比例不高，对区域经济的带动作用较弱。从交通基础设施而言，淮安的交通基础设施与苏南相比，仍处于较低水平。从人才配比而言，淮安市当前城市企业发展面临的问题就是劳动力的结构组成状况较差，企业发展对于劳动的需求得不到满足，发展受阻。专家型人才和技术工人缺乏，高素质劳动力的缺乏滞缓了淮安经济发展速度，在一定程度上阻碍了淮安建设成为区域中心城市的步伐。但是，淮安拥有独特的地理位置，水陆交通便利，加之近年来地区性政策的倾斜，吸引大批台商前来投资，台资集群较为明显。同时，淮安也拥有着丰厚的自然资源。充足的资源与独特的地缘优势为淮安经济发展提供了巨大的支撑。经过近年来的发展，淮安在经济实力、人口规模、交通区位等方面均具备了成为区域中心城市的基本条件。另外，提升淮安城市地位，建设苏北重要中心城市，是江苏省委省政府在新型城镇化背景下，面对内外发展条件

的变化，主动优化区域发展格局、加快省域腹地地区发展的重要战略。可以说，从省级战略层面推动区域发展格局的变化，为淮安建设成为苏北重要中心城市，发挥其居中辐射优势奠定了重要基础。

（二）淮安建设成为区域中心城市的路径

淮安坐落于古淮河与京杭大运河交点，为南下北上的交通要道。淮河生态经济带将与江淮生态经济区、大运河文化带共同构成淮安"一区两带"建设的战略交汇点。淮安可以依托淮河这一黄金水道，加强沿线城市间的交流，凸显在淮河流域的极核城市地位，加快建设成为区域中心城市，促进各类发展要素和资源向淮安的集聚与整合，进而提升淮安的整体发展水平和区域辐射能力。

1.依托国家战略，以淮河生态经济带为纽带建设经济协作区

淮河生态经济带建设已正式上升为国家战略，淮安市应抓住这个机遇，主动牵头并协同江苏省、安徽省、河南省、山东省和湖北省加强区域协作与规划研究，以淮河生态经济带为纽带，以淮安、信阳、蚌埠为核心，逐步打造淮河上、中、下游都市圈，逐渐建成淮河生态经济协作区。

2.加快交通枢纽建设，主动融入京沪和京杭发展轴

淮安是苏北地区的几何中心，其交通条件较为便捷，但目前高等级公路网密度、重要铁路数及可达性等与徐州相比仍有较大差距，尤其是轨道交通建设方面还相对落后。应加大力度完成新长铁路复线电气化改造，以及城际铁路和高铁枢纽站的建设，不断完善淮安的交通网络体系，打造苏北重要综合交通枢纽和物流中心的地位。另外，主动融入京沪和京杭发展轴，是淮安建设区域中心城市非常重要的战略支撑。淮安水、公、铁、空四位一体的大交通发展格局已经基本形成，交通区位得到大大改善，若能主动衔接周边高铁站点城市，通过借力发展，淮安仍具备融入京沪高铁沿线发展轴的基础。通过比较淮安周边的京沪高铁沿线城市可以发现，蚌埠在皖北地区的地理区位与淮安相似，在空间距离上也与淮安相近。因此，淮安可以通过强化与蚌埠之间的联系，打通淮蚌通道，充分利用蚌埠重要的交通枢纽地位，从而促使其融入京沪高铁沿线发展轴。

3. 加强生态环境保护

长期以来，我国对淮河流域一直以治理和保护为主，对淮河流域经济资源的开发利用程度不足。而淮安地处黄淮、江淮交汇处，拥有丰富的水资源，具有成为流域中心城市的先天条件和地理基础，因此，淮安应打好水资源这张牌，不断加强生态环境保护。一方面，要尽力治理水患，不断加强规划引导，要把城市水利建设纳入城市总体布局，统筹规划，切实加强城市防洪基础设施建设；要重视城市防涝，在城市建设过程中，应该充分考虑怎样利用城市河湖、低地、公共绿地等来调蓄雨水，增强城市对内涝的应对功能。另一方面，要倾力保护水质，打造良好的景观和生态；要合理定位水体功能，对城市各水域的保护、开发等方面进行科学规划，实施有针对性的保护；加大城市污水处理力度，严格工业污水的处理与排放；加强水域的生态保护建设，在有污染源进入河流的河段，应当在沿岸设置湿地和沿岸水生带，改善河流生态系统，以增强水体自净能力。另外，淮安可以抓住综合交通枢纽逐步形成的优势，与淮河流域其他中心城市如安徽蚌埠、河南信阳等互动整合发展，充分发挥洪泽湖生态核心的作用。

4. 提高城市创新能力，培养高素质劳动者

淮安市应继续坚持"科教兴市"战略，继续开展各项文化活动，浓厚区域中心城市氛围，提高居民文化素质。通过政府引导，企业搭桥，创造用人环境，加强企业经营性人才选拔和实践，培养一支数量可观、具有创新精神和创业能力的企业家队伍。整合人才资源，提升科技研发能力，把淮安建设成区域高新技术研究中心。

5. 优化营商环境，推动产业集群发展

淮安应当充分发挥自身区位优势和淮河生态经济带国家战略以及江苏省支持建设苏北重要中心城市等政策红利，依托苏北重要交通枢纽的有利条件，努力优化营商环境，积极助推产业集群发展。通过吸引新产能，促进传统的产业集群升级和转型，努力形成一批符合高质量发展要求的产业集群，整体提升区域中心城市的集聚和辐射能力。要正确处理目标与路径的关系，以产业融合转型为发力点加速极核隆起。坚持以供给侧结构性改革为抓手，立足淮安产业发展基础，重点聚焦"三新一特"工业发展，加快发展三大现代服

务业特色产业，高标准建设淮河生态经济带航空货运枢纽，持续打造国家级全域旅游示范区、国家级旅游业改革创新先行区，大力发展绿色食品、生态旅游、健康养老、文化创意等特色关联产业，开发一批具有淮安特色的淮河创意产品，形成一批淮河旅游经典线路，建成一批淮河产业园区。

（三）盐城市建设成为区域中心城市的路径

盐城市位于江苏沿海中部、淮河入海口，拥有空港、海港两个国家级开放口岸，具有面向东北亚、接轨大上海、融入长三角、带动淮河流域开放开发的独特区位和地缘经济优势。随着江苏沿海地区发展国家战略的深入实施，盐城经济发展快速崛起，目前综合经济实力在沿淮城市中最强。目前，盐城正在大力实施产业转型、沿海开放、城乡统筹、生态绿色、民生优先、社会和谐等六大发展战略，着力创建沿海现代产业集聚区、苏北科学发展先行区、全省城乡统筹示范区和国家可持续发展实验区，建设创业、开放、生态、幸福新盐城。

1. 抓住"上海核心"，承接上海辐射

上海是长三角一体化的龙头，以上海为中心的发展辐射轴上，一直是以西北向的沪宁、西南向的沪杭为重点，近年来随着跨江通道建成，向北的沪盐和向南的沪甬逐渐形成新的优势。盐城是上海北向发展轴上的重要城市，向北连接连云港、青岛，向南经南通接上海，承接上海的辐射，条件日益改善。在情感上，盐城与上海有着难以割舍的血脉亲情。曾经，十万上海知青在盐城挥洒青春和汗水，盐城已成为他们心中无法割舍的第二故乡，今天更多沪盐互动精彩演绎。因此，盐城建设成为区域中心城市，需要抓住"上海核心"的同时，放眼整个长三角，做到深度融入长三角，努力实现"上海总部，盐城生产""上海需要，盐城配套""上海成果，盐城转化""上海市场，盐城供给"。

2. 充分利用生态好、空间大的优势资源

生态好是大自然对盐城的馈赠，也是盐城最大的优势之一。因此，在建设成为区域中心城市的过程中，盐城应坚定不移地把生态好、空间大、农业强等独特的优势转变为差异化的竞争力。要发挥好海洋、湿地、森林三大生态系统的作用，构建跨区域生态治理体系，走绿色发展的道路。要主动对接上海的康养产业品牌资源，发挥湿地自然遗产、黄海森林公园等综合效应，在盐城东台共建长三角地区高端康养基地。依托深水良港、河海联动和成片建设用地，加强滨海港工业园区的规划和建设。充分利用空间大的优势，承载重大项目，促进当地经济带发展。

3. 推动产业联动发展

在"飞地"纽带的连接下，盐城与上海从农产品保障不断向产业联动纵深拓展。置身于长三角中心区城市群的新坐标，汽车、钢铁、新能源、电子信息等是盐城四大主导产业的发展脉动，无不紧贴长三角一体化国家战略。因此，盐城应积极抢抓长三角一体化等国家战略叠加机遇，加快推进"两海两绿"，打造世界级未来工厂。盐城还应积极主动对接长三角地区科创资源，拓展"研发飞地"平台功能，在上海成立国际科创中心，推动盐城企业的研发中心设在上海、研发成果用在盐城，共享长三角创新资源。

长三角一体化发展具有极强的区域带动和示范作用，盐城面临着前所未有的战略机遇，有着广阔的发展空间。盐城应进一步聚焦一体化的核心内涵，紧扣高质量的目标取向，主动作为、大胆突破，全方位融入长三角一体化布局。

二、蚌（埠）淮（南）区域中心城市的建设

历史上蚌埠一直是安徽重镇，尤其是蚌埠作为淮河干流城市和津浦铁路中心节点城市，在交通运输、工业产业等方面曾经是引领安徽发展的重要力量。蚌埠交通区位优势明显，是安徽乃至全国重要的铁路交通枢纽。近年来，随着高铁发展的日新月异，蚌埠作为全国高铁枢纽的地位也在不断加强。蚌宁高速公路、京沪高速铁路、合徐高速公路、京沪铁路和淮河航运，基本形成了蚌埠市四通八达的交通网络，营造了蚌埠市经济和社会发展的有利条件。蚌埠市产业结构也随着经济社会的发展不断优化。

蚌埠市是沿淮和华东地区重要的交通枢纽和加工、商贸、科技中心城市，对皖北地区快速崛起以及安徽省经济社会全面协调发展具有重要的辐射带动作用。随着皖江城市带战略上升为国家战略，蚌埠的战略地位更加重要。作为合芜蚌自主创新综合试验区的龙头、承接产业转移示范区的核心城市，以

及联系皖江城市带与皖北广大区域的桥梁和枢纽，蚌埠将凭借其人才优势、产业优势和资源优势，进一步延伸皖江城市带战略对皖北地区的辐射能力。同时，随着安徽向东靠拢，拥抱大海，积极融入"泛长三角"，蚌埠也将是安徽与江苏衔接的重要节点。

淮南市位于华东腹地，淮河之滨，是安徽省北部重要的城市，是中国能源之都、华东工业粮仓、安徽省重要的工业城市。淮南为全国亿吨级煤基地、华东火电基地和煤化工基地，华东地区的"工业心脏"。要把握好资源节约型、环境友好型"两型城市"建设这一转变发展方式的重要着力点，统筹经济、资源、生态和社会运行过程，扎实开展资源型城市可持续发展试点工作，推动经济社会发展全面转型，进一步突破资源有限性约束，实现全面协调和可持续发展，开创改革开放和现代化建设新局面。

（一）蚌埠建设成为区域中心城市存在的问题

1. 城市的中心性较弱

区域中心城市，必须是地区内经济、政治和文化中心，能够为区域内城市提供经济支持、公共服务和社会保障。这就要求该城市具有足够的规模才能对区域内城市发挥集聚和扩散效应。但是，无论从人口首位度，还是经济首位度来看，蚌埠市的城市中心性都较弱，都低于淮南市，说明蚌埠市在皖北地区6个城市中，城市规模还不是最大，城市的经济基础还相对较弱。另外，蚌埠市的公共服务、社会保障等区域中心功能的建设不健全，对区域内城市没有较强的带动和吸引作用。正因为如此，蚌埠市的区域中心城市建设基本上处于初级阶段，即城市发展的人口聚集阶段。因此，必须首先大大拓展城市发展的空间规模和人口规模。

2. 经济实力较弱，城市吸引力不足

从城市集聚能力来看，皖北地区经济发展水平比较落后，各城市间经济联系不密切，人流、物流、资金流、信息流流动不频繁，从而导致蚌埠市对周边城市的集聚能力不足。虽然经过多年的发展，蚌埠市的经济水平得到了快速提升，经济增速也在全省前列，但是由于其经济基础较为薄弱，经济总量在全省范围仍然较小，对皖北地区其他城市的吸引和带动作用不足，对周边城市的集聚和扩散效应也不明显。

3. 交通枢纽不完善，基础设施建设较薄弱

从蚌埠市的交通区位来看，蚌埠市素有交通枢纽之美名，它是京沪与京福高速铁路的交会城市，蚌埠南站也是京沪高铁首设站，另外京台、洛宁两条高速公路也在蚌埠市相交。看似蚌埠市有较为明显的交通区位优势，但是其对皖北地区的经济带动有限。因为蚌埠市仅仅着眼于交通主干线的发展，基础设施建设相对落后，交通没有优势，特别是环绕城市的便利交通通道还没有形成，区域内城际交通运输网的建设迟缓，蚌埠市"一小时经济圈"的建设处于起步阶段。交通运输网不完善阻碍了蚌埠市对区域内其他城市的经济辐射，从而成为蚌埠市建设成皖北中心城市的严重阻碍。

（二）蚌埠建设成为区域中心城市的路径

随着淮河生态经济带上升为国家战略，安徽尤其是皖北地区迎来了重大的机遇，发展淮河生态经济带安徽地区的中心城市，更是能够以中心节点城市辐射带动周边城市共同发展，为本就较为落后的皖北地区发展注入新的活力。

1. 加强城市建设，提升城市功能

根据中心城市理论，区域中心城市作为区域政治、经济、文化、服务中心，必须达到一定的规模才能发挥其集聚和辐射作用，因此，加速城镇化发展，扩大中心城区人口规模与面积应当成为蚌埠皖北中心城市建设的重点战略。蚌埠现有的城市规模与能带动区域经济发展的区域中心城市所需的规模还有很大的距离。因此，要坚持把加快城市化建设、做大做强中心城区作为首要任务来抓。

蚌埠与淮河（安徽）生态经济带其他7个地市相比，其整体发展实力不强，城市功能较弱。因此提升蚌埠作为区域中心城市的第一步就是做强蚌埠城市功能，打造蚌埠都市圈。蚌埠都市圈的核心是城区与产业的深度融合，跳出蚌埠的视野，做大做强蚌埠与周边城区融合，促进蚌埠中心地位。注重拓展各城区功能，加快"东促、西进、北连、南牵、强中"的格局。

蚌埠市要积极会同信阳、淮安、盐城等城市运用好国家宏观政策加快推进建设淮河流域中心城市，通过全面提升城市综合能级，让区域中心城市迅速崛起；要进一步巩固沿淮城市群中唯一一个国家级综合交通枢纽地位，全

力打造成为华东地区东连长三角、合肥都市圈，西接中原经济区，南北辐射贯通淮河流域经济带的重要综合交通枢纽；积极呼应淮安、盐城、信阳等沿淮中心城市能级提升。

2. 继续实施创新驱动发展战略，加快建设工业强市和现代产业体系

创新是加快发展、加快转变经济发展方式和产业结构优化转型的重要动力，也是加速蚌埠崛起的根本途径。蚌埠科技资源丰富，科技实力较为雄厚，应坚持"人才是第一资源，创新是第一驱动"的思想，充分发挥蚌埠科技资源丰富的优势，围绕加快建设合芜蚌自主创新综合试验区这一契机，全面推进制度、科技、管理创新和人才强市，不断提升自主创新能力，培育核心竞争优势，加快建设创新型城市，建立高科技创业资金，加强科技创新基地与平台建设，建成创新主体充满活力、创新机制高效健全、创新环境日益完善的皖北中心城市。

加强工业建设，打造皖北工业基地。振兴蚌埠必须振兴工业，蚌埠当前存在的问题是蚌埠的工业发展相对滞后，现有的经济结构不合理。因此，蚌埠应当重点发展壮大工业，用工业带动蚌埠的崛起。蚌埠市应坚持工业强市战略不动摇，坚持走新型工业化道路，发展壮大优势产业，大力培育战略性新兴产业，改造提升传统产业，进一步增强工业对经济发展的带动力和影响力。蚌埠市应构建现代产业体系，促进新型工业化的发展；积极培育壮大战略性新兴产业；以规模化、品牌化作为导向，推动食品加工等优势产业做大做强；按照优化产业结构、促进绿色发展的要求，运用新技术、新设备积极改造和提升食品加工、纺织等传统产业。

优化产业结构体系，加快发展服务业。区域中心城市的服务中心功能主要有金融服务中心、商贸物流中心、交通信息中心、科教文化中心等。区域中心城市通过这些服务性中心功能作用的发挥，组织区域经济活动，为区域经济发展提供服务。要建设成为区域中心城市，蚌埠应将推动服务业大发展作为产业结构优化的重要抓手，构建完善的现代服务体系。大力发展生产性服务业，要加快建设高效快捷的物流体系；推进蚌埠市金融机构体制的完善和资源的整合；加强科技信息、节能环保等行业的建设；全面提升生活性服务业，深入挖掘文化资源，扶持文化产业的发展，打造具有蚌埠特色的旅游

文化区；营造有利于服务业大发展的政策环境和社会氛围，不断推进服务业规模化、品牌化和网络化经营，进一步提高服务业质量和竞争能力。

3. 以开放促发展，努力融入国家大战略

开放合作是时代的鲜明特征，已经成为区域经济协作发展的必由之路，也是蚌埠发挥后发优势和比较优势、实现加速崛起的必然选择。蚌埠市的地理区位优势明显，依托综合交通枢纽、沿淮港口物流等优势带动外向型经济，有利于促进本地区产业的集聚与扩散。因此，蚌埠应进一步发挥城市区位、交通、产业等综合优势，密切与长三角经济联系积极承接产业转移，大力发展外向型经济；积极融入中原经济区建设，加强城市间交流与沟通，开展城市间磋商，建立科学的分工与合作体系；充分利用中原经济区的优惠政策，按照工业化、城镇化、农业现代化三化同步协调发展示范区的要求，主动加强以产业合作为重点，积极发展新能源、新材料、煤化工产业，拓展新的产业发展领域。在建设区域中心城市的过程中，蚌埠要利用自有优势，打造淮河生态经济走廊，通过蚌埠铁路无水港和蚌埠港、蚌埠（皖北）保税物流中心，进一步激发外向型经济活力。

4. 完善城际交通网络布局，扩大蚌埠对周边的辐射作用

蚌埠在水路和陆路等基础交通建设方面取得了很大的成就，成为全国性的公铁交会的重要枢纽。提升淮河生态经济带区域中心城市的功能，要做好交通的文章，打造区域交通中心，既壮大自身实力，也带动淮河生态经济带各城市协同发展。蚌埠应加强其与皖北其他城市的城际交通网络建设，构筑"一小时经济圈"，加速连接区域内城市，打造以蚌埠市为中心的皖北交通运输网，强化蚌埠皖北中心城市对区域内其他地区的集聚和辐射效应，为区域联动发展创造利好条件，实现皖北振兴。如建设淮河黄金水道按照"1+2+1"总体思路，全面提升淮河干支航道等级，释放"淮河干支＋运河（京杭、江淮）＋出海口（滨海港）"通江达海的巨大航运潜能，高标准建设淮河流域生态物流。加大航空港建设力度。淮干城市中心城市只有蚌埠市机场在建，信阳机场属于军民两用，淮安和盐城机场均为国际机场。加快推进蚌埠机场建设，开辟更多国内外新航线，发展空港物流。同时，皖北其他地区也可以利用蚌埠在全国交通体系中的重要地位，加大招商引资的力度，通过便捷的城际交

通网络，吸引更多的资源流向当地。

5. 协同生态环境治理，促进绿色发展

淮河生态经济带的发展，经济的发展是一方面，生态环境的治理与改善也是重要抓手，对于淮河生态经济带的发展来说，经济与环境同等重要。建设区域中心城市，蚌埠应该主动作为，将淮河生态治理纳入淮河发展的大局中。具体来说，淮河生态环境的治理，既要"分而治之"，又要"协调联动"；要明确各城市主体责任，做到"属地管理"，还应该加强市域、省域联动。坚持绿色发展方式，打造宜居城市，也是蚌埠建设皖北中心城市不可或缺的发展战略。蚌埠市应积极推进循环经济和低碳经济发展，促进产业结构的优化升级和经济发展方式的转型，建设成资源节约型、环境友好型社会。

（三）淮南建设成为区域中心城市的路径

1. 抢抓发展机遇，融入长三角区域一体化发展

建设淮南成为区域中心城市，要坚持找准定位、勇于担当、主动作为，立足淮南资源特征、区位条件、产业基础和生态禀赋等优势，全面融入长三角区域一体化发展。紧扣"一体化"和"高质量"，扎实推进"一廊五地"建设。坚持高质量推进能源保障和科技创新一体化，积极扩大与G60科创走廊、合芜蚌国家自主创新示范区的交流合作，参与推动科技创新资源和平台共建共用共享。参与长三角地区人才流动政策体系和干部培养交流机制建设。坚持高质量推进开放合作一体化，积极与沪苏浙相关市（区）结对共建友好城市（市区），共同打造跨行政区域产城融合发展新型功能区。坚持高质量推进生态环保一体化，协同推进长三角大气、水、固废危废污染联防联治。坚持高质量推进公共服务一体化，推进医保一体化和养老合作，推动优质教育、医疗资源合作共享，协同推进政务服务"一网通办"，探索建立居民服务"一卡通"。

积极推动淮河生态经济带建设。贯彻落实《淮河生态经济带发展规划》，高标准参与淮河流域环境联防联控，建立环境应急联动响应和专家会商沟通机制，加快修复淮河（淮南段）生态系统，共同推进区域环境整体改善。实施水清岸绿产业优的淮河生态经济带提升工程，突出治污、治岸、治渔，坚

决抓好重点生态环境问题整改，推动淮河（淮南段）水质稳优向好，筑牢淮南水产种质资源保护区生态屏障。

2. 坚持创新驱动发展，积极培育经济增长新动力

坚持创新在现代化建设全局中的核心地位，深入实施科教兴市战略、人才强市战略、创新驱动发展战略，以建设创新型城市为引领，落实《淮南市科技创新促进条例》，全力打好科教资源牌，深入推进大众创业、万众创新，加快建设科技强市。

提升科技创新能力。落实科技强国行动纲要，加强基础研究，注重原始创新，优化学科布局和研发布局，推进学科交叉融合，支持开展战略性前沿基础研究。强化企业创新主体地位，促进各类创新要素向企业集聚，发挥企业家在技术创新中的重要作用，鼓励企业加大研发投入，深入实施高新技术企业和科技型企业倍增计划，发挥大企业引领支撑作用，推动产业链上中下游、大中小企业融通创新。

激发人才创新活力。深入贯彻落实新阶段江淮人才政策和江淮英才计划，修订完善《淮南市招才引智实施办法》，健全人才柔性流动机制，落实编制周转池等制度。制定海外引才工作新机制，加大战略科技人才、科技领军人才、青年科技人才和基础研究人才引进培养力度，对顶尖人才引进"一事一议"，建立吸引高素质年轻人流入留住机制。健全以创新能力、质量、实效、贡献为导向的科技人才评价体系，加强创新型、应用型、技能型人才培养，实施知识更新工程、技能提升行动，壮大高水平工程师和高技能人才队伍，培育"淮南工匠"，支持高校加强基础研究人才培养。加强学风建设，坚守学术诚信。

完善科技创新体制机制。深入推进科技体制改革，推动重点领域项目、基地、人才、资金一体化配置。改进科技项目组织管理方式，建立第三方科技项目选择和评价机制，争取开展科研管理"绿色通道"、项目经费使用包干制、财务报销责任告知和信用承诺制试点，优化科技奖励项目。支持科研院所分类改革，扩大科研自主权，建立完善高校院所增加科技投入的激励政策和机制。引导加大全社会研发投入，健全基础前沿研究政府投入为主、社会多渠道投入机制。加强知识产权创造、保护、运用、管理和服务。弘扬科学精神，加强科普工作，营造崇尚创新的社会氛围。

促进科技成果转化。坚持"政产学研用金"六位一体，培养发展技术转移机构和技术经理人，构建重大科研成果技术熟化、产业孵化、企业对接、成果落地全链条转化机制。完善金融支持创新体系，谋划建立科技创新基金，鼓励银行金融机构设立科技支行、开展投贷联动试点，支持保险机构拓展科技保险险种范围，推动资本要素对接创新成果转化全过程、企业生命全周期、产业形成全链条。

3. 坚持做实做强做优实体经济，加快发展现代产业体系

紧盯产业优势和资源禀赋，坚定不移推进制造强市、质量强市、网络强市、交通强市、数字淮南建设，一手抓传统产业转型升级，一手抓新兴产业发展壮大，着力培育"1+5"现代工业产业集群，打好产业基础高级化和产业链现代化攻坚战，提高经济质量效益和核心竞争力。

推动传统产业转型升级。坚持自主可控、安全高效，积极承接国内外新兴产业转移，参与国际产业安全合作，形成具有更强创新力、更高附加值、更安全可靠的产业链供应链。立足产业特色优势，紧盯高端化、智能化、绿色化发展方向，谋划实施智能制造工程和制造业数字化转型行动，大力发展服务型制造，加大设备更新和技改投入，推动装备制造、医药制造、食品加工、纺织服装、冶金建材等传统产业向价值链中高端攀升。突出改造升级绿色发展，优化煤炭产业结构，提升煤炭附加值，推进煤炭绿色开采技术应用。

推动战略性新兴产业培育壮大。持续深化"三重一创"建设，加快高新技术新产业集群式发展，做大做强大数据、特钢、现代装备制造、新能源汽车、煤系固废物利用等5个百亿产业集群。扎实推进恒大新能源电池、淮南矿区大宗固体废弃物综合循环利用基地、新型功能材料产业基地等项目，着力构建各具特色、优势互补、结构合理的新产业增长引擎。完善质量基础设施，加强标准、计量、专利等体系和能力建设，深入开展质量提升行动。促进平台经济、共享经济健康发展，培育生态主导型头部企业。鼓励企业兼并重组，防止低水平重复建设。

推动现代服务业发展换挡提速。推动生产性服务业向专业化和价值链高端延伸，推动各类市场主体参与服务供给，推动现代服务业同先进制造业、

现代农业深度融合，加快推进服务业数字化。推动生活性服务业向高品质和多样化升级，加快发展健康、养老、育幼、文化、旅游、体育、家政、物业等服务业，加强公益性、基础性服务业供给。

提高基础设施建设水平和能力。坚持补短建新，构建系统完备、高效实用、智能绿色、安全可靠的现代化基础设施体系。加强交通基础设施建设，积极参与江淮城际铁路网建设，倾力打造"三纵三横"多层次轨道交通网、"四纵四横"高速公路网及"两横一纵"航道主骨架，切实加强主城区至县区重要通道建设，进一步优化城市路网结构，健全完善"干线＋支线＋城郊"三级公交网络。加强能源基础设施建设，支持光伏、风电、天然气等基础设施建设，建设智慧能源系统，构建清洁低碳、安全高效的现代能源体系。加强新型基础设施建设，实施"新基建＋"行动，加快5G、工业互联网、大数据中心、超算中心、城市大脑、充电桩等建设，支持城市公用设施、建筑等物联网应用和智能化改造，推动5G、工业互联网、物联网等布局应用，建设"智慧淮南"。

推动数字经济加快发展。聚焦数字产业化、产业数字化，大力发展数字经济，做大做强省级战略性新兴产业大数据集聚发展基地，推进安徽（淮南）大数据交易中心上线运行，参与创建长三角国家大数据综合试验区，打造数字经济产业聚集的重要载体。依托中国移动长三角（淮南）数据中心、煤矿安全大数据平台、国产卫星信息应用综合服务平台、江淮大数据中心淮南中心平台，提升数据归集、承载能力，打造数据绿色存储示范区。进军数字领域前沿技术，积极发展以互联网、大数据、人工智能为代表的新一代信息技术，推进"5G＋工业互联网"。推进政务数据和经济数据、社会数据资源归集整合、开放共享，加强数字社会、数字政府建设，提升公共服务、社会治理等数字化、智能化水平。保障数据安全，加强个人信息保护。探索推进大数据和网络安全、数据数字交易等地方立法。

三、信阳区域中心城市的建设

信阳市地处我国中部，承东启西，纵贯南北，在国家实施的西部大开发战略中，起着重要的作用，是东西经济合作的桥梁和纽带，是东引西进的"二传手"，不仅在河南，而且在全国处于独特的区域性位置。信阳东与安徽为邻，南与湖北接壤，左扼两淮，右控江汉，屏蔽中原，素有"三省通衢"之称，从古至今，是江淮河汉之间的战略要地，又是南北经济文化交流的重要通道。信阳区位优越，交通便利，产业特色明显，在农业、旅游等方面优势突出。未来，信阳市将重点加强公路交通、防洪、电力等区域基础设施建设，加强与湖北、安徽等相邻地区的经济联系，努力建设成为鄂豫皖三省交界地区的区域中心城市，成为资源节约、环境优美、经济繁荣、社会和谐的现代化大城市。

（一）信阳建设成为区域中心城市的优势

信阳市提出建设河南省南部的区域中心城市，既是加快城市化进程、推进豫南经济发展的历史选择，也是参与西部大开发、实施"东引西进"的现实回应，完全符合经济规律和完善全国、全省经济布局的客观要求。

1. 得天独厚的区位交通优势

从区位上看，信阳拥有优越的地理位置。信阳市是河南省南部的重要城市，南向武汉、北靠郑州，处于郑州、武汉、合肥3个省会城市之间。这表明信阳可以受到3个省会城市的辐射，带动其经济发展，为信阳提供了较大的发展空间和扩张机会。从交通上看，信阳目前已形成水陆空立体交通格局，京广铁路和沪陕高速穿城而过，多条高速公路在境内纵横交错，国铁、国道密度居全国前列，是河南及我国中部地区重要的陆路交通枢纽；该地还有河南省唯一的港口淮滨港，水上运输比较发达，是内陆河南的出海口。总之，这种立体、通畅的交通通信格局，促使信阳形成全方位开放格局，而且优越的地理位置使其通达范围广，与淮河生态经济带的通达距离较短，通达方式的现代化程度和能力，使信阳能承受到包括东部在内的资金、技术、人才、产业等多方面的辐射，极大带动当地相应产业的发展。

2. 丰富的自然资源

信阳处于亚热带向暖温带过渡地带，气候适中，光照充足，是河南省降雨量最多的地区，拥有全省近1/4的水资源，人均水占有量是全省的3倍，是全国重要的农业产品生产基地，素有"山水茶都"的美誉，当地的毛尖和板栗远近闻名。矿产资源尤其是非金属资源丰富，上天梯非金属矿为亚洲第一大非金属矿，珍珠岩、膨润土、蛇纹石等矿产储量在全国名列前茅。旅游资源别具特色，全市有多处以湖光、山色、古迹为特色的旅游胜地，其中，国家级风景名胜区鸡公山享誉海内外，为全国四大避暑胜地之一，省级风景名胜区南湾湖被誉为"北方千岛湖"。所有这些都是加快信阳发展极其宝贵的物质财富。

3. 有力的政策支撑

信阳作为全国农村改革试验区，被赋予了先行、先试的特权，以促进经济的发展；还被赋予了"国家级主体功能区建设试点示范市"的称号，凭着自身的独特优势，率先打造充满发展活力的生态经济；《淮河生态经济带发展规划》确定的"一带、三区、四轴、多点"的核心城市当中也包括信阳，这些都是信阳加快自身发展的主要政策支撑。

4. 一定的城市规模和生产力发展水平

目前，信阳市区面积较大，能够承受较大的人口规模；市区各种基础设施比较健全，教育、文化、科技事业发展迅速。在现代化进程中，信阳市不断抓住机遇，迎接挑战，不断优化产业结构，形成现代产业体系，打造属于信阳的明星企业，在发展过程中取得了不错的成绩和进展。目前，信阳市经济发展正处于快速上升阶段。

（二）信阳建设成为区域中心城市的路径

作为区域中心城市，应当成为国民经济发展中的高速增长点、经济体制改革的体制创新点和对外开放中与各界经济的联结点。这表明，信阳要建成为区域中心城市，必须充分发挥在豫南经济中的辐射和牵动作用，不断谋求新发展。

1. 发挥区位交通优势，打造区域中心城市

信阳市得天独厚的区位交通优势是其立足之本。从区位上来讲，信阳把陇海铁路连接起来，促进了丝绸之路经济带的发展。京广铁路中线正好就是信阳，无论是长江经济带还是丝绸之路经济带，信阳在其中都发挥了重要作用。信阳市作为国家几大战略对接的重要枢纽，刚好可以发挥自身的优势，建设公、铁、空多式联运体系，打造铁路货运口岸和航空客运口岸。不断提升城市的流通功能，实现从重视商品流通向商品流通和生产要素流动

并重的转变。利用发展空间大、交通便利等有利条件，继续加快各类消费品和生产资料市场建设。要特别注重提高市场的质量，重视资产、资源的利用率和效益。要进一步加快生产要素体系建设，加快规划和建设金融、房地产、产权、技术、人才、劳动力、信息等生产要素市场，充分发挥其调节、吞吐、扩散功能，使市场结构日趋完备，功能日臻完善。另外，要充分发挥前沿、生态、民智优势，持续增强城市综合服务功能，实现从注重自我发展向带动区域经济协调发展的转变，不断提高辐射带动周边地区能力，打造区域中心城市。

深度融入中原城市群一体化发展。充分发挥信阳市联南贯北、承东启西的前沿优势和桥头堡作用，积极承接发达国家及我国东南沿海地区产业转移及西部资源输出，有效对接中原城市群一体化发展规划，将信阳建设成为中原城市群与长江中游城市群南北呼应、共同支撑新时期促进中部崛起战略的关键节点，成为河南省经济发展的重要增长极。加快推动淮河流域协调发展，打造绿色发展的淮河生态经济带，以打造新的出海黄金水道和陆路交通为纽带，规划建设沿淮航运、公路、铁路等重大工程项目，恢复天然物流系统，促进淮河流域上中下游生产要素合理配置和集聚，加快沿岸经济一体化发展。着力打通省际交通通道，整合区域资源，推进交通一体、产业链接、服务共享、生态共建，实现互补发展、错位发展、共赢发展，将信阳打造成为鄂豫皖交界地区中心城市。

2. 提升城市的创新功能，促进产业优化升级

目前，信阳经济发展水平不高，在结构上存在着高能耗、高物耗工业比重过大，产品技术含量和附加值偏低等突出矛盾，经济体制亟须改革，需要不断提升城市的创新功能，实现由单项改革突破向综合配套改革方向转变。要在结构调整上取得突破，做优现代服务业。以服务业产业为主导的第三产业近年来在信阳市有较快发展，在国民经济中的比重不断加大。要集中资金加大对高新技术的投入，推进技术创新，以技术促改革，改造传统产业，实施产业升级，实现产品更新换代和产业结构升级。要加快现有企业技术改造步伐，增加技术改造投资份额，提高技术改造起点，改善企业技术装备水平。要大力发展外向型经济，在对外开放上取得突破。要把握国内国际市场变动

趋势，大力实施名牌战略，积极组织好产品的研究开发和营销，注重利用地方资源、劳动力与国内外知名品牌、先进技术和管理进行互惠互利合作，以资源换资金，以项目换技术，以存量换增量，构成具有竞争力的外向型产品结构。

在农业生产方面，要依靠科学技术进步，大力发展现代高效生态农业，发展好特色农业。农业是信阳传统支撑产业，目前存在的问题是规模小、分布散、名牌少、带动力差。要支持发展壮大一批具有综合实力、带动产业发展能力较强的农产品加工企业。创建国家级绿色农业发展先行区，指导建设一批国家、省级现代农业产业园。

3. 发展物流经济和文化旅游业，打造经济增长新引擎

信阳市无论是交通还是区位，又或者是经济发展程度，都有自身的优势，特别适合发展物流产业。无论是信息流还是人流、物流，对于区域经济联系来说，都是至关重要。因此，在"一带一路"的背景下，信阳市可以牢牢抓住人流、物流、信息流等关键要素，凭借先天优势，构建区域性交通信息物流枢纽，大力发展物流经济。积极争取把信阳市作为商贸服务型国家物流枢纽承载城市建设，以现有的产业集聚区、综合物流港、物流园、物流中心为支撑，完善物流空间布局。可以构建冷链物流中心、鄂豫皖区域性电商物流中心，还有家具家居、小商品行业 O2O 物流组织与服务中心，从这三方面来带动信阳区域物流发展，并逐渐拓展到全国各地。要制定战略，建设全国重要电商物流组织中心。物流产业发展过程中，同信阳电子信息产业集聚示范区、国家级信阳茶叶市场还有金牛物流产业集聚区保持紧密的联系，在很大程度上促进信阳电商物流产业发展。例如，通过跨境贸易电商平台，把专业电商平台和第三方综合电商平台融合在一起，以专业化物流为保障，在茶叶跨境贸易价值环节中提供价值增值。

发展文化旅游业，树立"旅游立市"的理念。信阳气候宜人，雨水充足，蕴含丰富的历史文化。信阳有着众多不同的旅游资源，包括一处国家级风景名胜区、国家级水利风景区、国家级森林公园，两处国家级自然保护区，也是国家级生态示范区建设试点市。信阳历史文化丰富，位于南北之间，融合了南北不同的文化特色，形成豫风楚韵的风格。信阳蕴含了丰富的人文景观

和自然景观，被人称之为"北国江南、江南北国"，在全省中，空气质量、水质量和森林覆盖率都名列前茅；对于休闲度假而言，区域优势突出，适合发展旅游业，可以积极开发红色旅游项目带动经济发展。信阳是重要建党基地和中国工农红军重要诞生地之一，要高标准打造红色旅游经典景区，以新县首府旧址、鄂豫皖苏区首府烈士陵园、革命博物馆等为核心创建国家5A级景区，加强与湖北、安徽大别山片区红色旅游合作，共同推动大别山红色旅游品牌。

4.加大生态环境建设，建好生态屏障

第一，做好生态屏障的规划建设，打造集经济效益、生态效益和社会效益于一体的经济带。坚持政府投资为主，鼓励社会资本参与、群众自发自愿，以河为径沿河两岸营造防护林带，以村庄田园为基地建设林网，村庄农户房前屋后"见缝插绿"，使全市的生态廊道网络全覆盖。第二，加强信阳自然保护区建设力度。保护大别山优质生物种质资源，加强亚热带向暖温带过渡区域生物多样性保护，完善生态保护基础设施及监控体系，增强生物多样性和生态系统稳定性。第三，做好信阳境内饮用水水源地达标建设。利用政策机遇，加快推进已规划的静脉产业园建设，解决城市内河污泥无害化处置和资源化综合利用问题。第四，打好碧水保卫战。重点谋划实施淮河流域水环境综合治理工程，提高污水、垃圾收集率和处理能力。第五，加大农村面源污染治理，加大农村生活垃圾治理、生活污水治理，持续开展"厕所革命"，对畜禽粪便无污染处理。严禁重金属污染耕地，严格管控各类耕地的用途。推广无污染养殖基地建设，实现清洁养殖模式。

总体而言，建设"淮（安）盐（城）+蚌（埠）淮（南）+信阳"三大区域中心城市要把握以下几点：

第一，提升视野，树立区域中心城市整体思路。淮河生态经济带各地区的发展水平参差不一，给三大区域中心城市的建设带来一定的难度。未来在城市建设上，这些地区应该要有更大的视野，要跳出淮河流域，从更高视野来看淮河生态经济带，要明确所要打造的是淮河生态经济带的区域中心城市、立足淮河的同时，还应该把目光放到长江上。要跳出中心城市谈中心城市打造，要明确中心城市的影响力不止在城市规模、经济社会发展水平等方面，中心城市对于新兴产业吸引、发展的后发动能同样能够成为中心城市吸引力的重要方面。

第二，解放思想，进一步优化区域中心城市顶层设计。高质量建设淮河生态经济带的区域中心城市，必须全面审视差距和不足，破除体制障碍和利益藩篱，摆脱固化思维，不断解放思想。要以提升产业要素集聚力为抓手，夯实建设区域中心城市的经济基础。以供给侧结构性改革为方向，以提升产业竞争力为着力点，构建以现代服务业为主导、先进制造业为支撑的现代产业体系，促进产业体系朝高端化发展，促进技术向尖端化发展，促进质量向顶端化发展。要围绕建设区域中心城市目标定位，全力打造区域经济、商贸物流、金融服务、科教文化"四个中心"，不断提升建设区域中心城市的承载能力。

第三，坚持绿色发展理念，引领区域中心城市经济高质量发展。建设良好的生态环境是人和社会持续发展的根本基础。以绿色理念贯穿始终，保护淮河生态资源，保护淮河两岸绿水青山。探索低耗能、低排放、低污染的发展模式是实现区域绿色高质量发展的必然路径，因此要推动技术进步，提高绿色创新效率。政府一方面要加大科技投入力度，建立健全技术创新的激励机制以及对落后产能的约束机制，激发、引领企业绿色创新思维和创新能力发展；另一方面，要引入清洁发展机制，促进跨区域绿色生产合作，改善区域经济效率和生态效率。

第四，把握机遇，谋划区域中心城市主要战略。在谋划城市发展战略上，应当重点把握机遇，促进经济社会高质量发展。要树立以创新驱动经济社会发展思路，推进科技创新、体制创新、管理创新等，以和谐、互惠互利的模式推动经济社会发展。作为区域中心城市，要以跨区域、跨省域、跨国域视野，推动全面开放。树立共享思维，充分发挥资源利用效率，将发展的成果更好地惠及人民。

第五，建设重点工程，提升区域中心城市功能。重点工程与产业发展相辅相成，一体两翼。加强城建重点工程建设是提升城市综合功能、拉动区域经济增长的重要着力点，有利于推动经济发展、促进产业繁荣。随着新型城镇化的进一步推进，城市规模不断扩大，城市功能不断完善，城建重点工程建设为城市发展和扩大投资、推动消费、推动经济增长所发挥的推动作用将更加明显。

第三节　形成"一带、三区、四轴、多点"空间开发格局

一、"一带、三区、四轴、多点"空间开发格局

淮河生态经济带空间开发格局以千里淮河黄金航道为依托，以防洪和通航为一体，以东部海江河湖联动区、北部淮海经济区、中西部内陆崛起区三区为中心，以新（沂）长（兴）铁路、京沪高速公路、京杭运河、连淮扬镇高铁、京沪高铁二通道为门户枢纽，以区域中心城市之外的其他城市为节点，促进淮河流域上中下游生产要素合理配置和集聚，形成"一带、三区、四轴、多点"的空间开发格局，带动流域内工业化、信息化、城镇化和农业现代化进程。通过以干流地区为先导区和以主要支流地区为辐射区的互动发展，增强辐射区对先导区的支撑作用，扩大先导区对辐射区的带动作用，进而推动整个淮河流域跨越发展。

"一带"：指淮河干流绿色发展带。发挥全流域资源禀赋与产业优势，依托千里淮河、沿淮高速公路、新陇海铁路、沿淮管道等主要通道，完善沿淮河重大基础设施，重点发展煤化、盐化、钢铁、新能源、节能环保、汽车、纺织、机械电子信息食品加工等优势产业，积极建设现代高效农业和特色产业基地，加快发展现代物流、现代金融、商贸商务、产品市场信息服务等现代服务业，科学规划建设沿淮文化旅游和生态功能区，加快沿淮经济带一体化发展，使淮河流域成为富庶、美丽、繁荣、发达的经济区。

"三区"：实施中心城市带动战略，加强东部海江河湖联动区、北部淮海经济区、中西部内陆崛起区三区中心城市建设力度，扩大城市规模，完善城市功能，增强"三区"引领淮河干线流域经济社会发展的龙头作用。

东部海江河湖联动区包括淮安、盐城、扬州、泰州、滁州等市，发挥淮安、盐城区域中心城市的引领作用，依托洪泽湖、高邮湖、南四湖等重要湖泊水体，统筹海江河湖生态文明建设，强化与长三角、皖江城市带等周边区

域对接互动。北部淮海经济区包括徐州、连云港、宿迁、宿州、淮北、商丘、枣庄、济宁、临沂、菏泽等市，着力提升徐州区域中心城市辐射带动能力，发挥连云港新亚欧大陆桥经济走廊东方起点和陆海交汇枢纽作用，推动淮海经济区协同发展。中西部内陆崛起区包括蚌埠、信阳、淮南、阜阳、六安、亳州、驻马店、周口、漯河、平顶山、桐柏、随县、广水、大悟等市（县），发挥蚌埠、信阳、阜阳区域中心城市的辐射带动作用，积极承接产业转移，推动资源型城市转型发展，因地制宜发展生态经济，加快新型城镇化和农业现代化进程。

"四轴"：依托新（沂）长（兴）铁路、京沪高速公路、京杭运河、连淮扬镇高铁、京沪高铁二通道，建设临沂—连云港—宿迁—淮安—盐城—扬州—泰州发展轴；依托京广线，建设漯河—驻马店—信阳发展轴；依托京九线，建设菏泽—商丘—亳州—阜阳—六安发展轴；依托京沪铁路与高铁，建设济宁—枣庄—徐州—淮北—宿州—蚌埠—淮南—滁州发展轴。依托四条发展轴，向南对接长三角城市群、长江中游城市群、皖江城市带，向北对接京津冀地区、中原城市群，着力吸引人口、产业聚集，辐射带动苏北、皖北、豫东、鲁南、鄂东北等区域发展。

发挥淮安作为运河、淮河、盐河、淮河入海航道交汇的内河航运枢纽及区域性公路运输、铁路运输枢纽功能，以低成本运输贯通南北，连接东西。发挥蚌埠兼具内河港口、高速铁路、高速公路及机场的综合交通运输优势，打造我国中部重要物流交通枢纽。推进淮河入海水道建设，充分发挥盐城港"一港四区"海河联运的优势，建设盐城枢纽港，形成"一主多元"的淮河出海门户。"主"即盐城港滨海港区(建设 30 万 t 深水码头)，"多元"即盐城港射阳港区、大丰港区、陈家港港区。实现淮河航道与盐城港滨海港区的"无缝"对接，建成淮河便捷出海门户、大宗商品储运中转加工交易中心和国际物流枢纽保税港区，带动全流域加快融入全球产业体系，更加广泛地集聚国内外先进生产要素。

"多点"：指区域中心城市之外的其他城市。这些城市相比徐州、淮安等区域中心城市，城市规模不大，城市功能较弱，综合实力有一定差距。但整个淮河流域的高质量发展，仅仅依靠几个区域中心城市，难以充分带动。

必须将此类城市作为城乡统筹发展的重要节点，因地制宜发展特色优势产业，提升基础设施和公共服务供给能力；进而增强城市规模和综合实力，提升对大量农业转移人口的吸引力，加快推动新型工业化、新型城镇化、农业现代化和信息化"四化"融合发展；同时，进一步完善交通基础设施，加强与区域中心城市的经济联系与互动，促进协同联动发展，高效发挥对淮河生态经济带发展的多点支撑作用，增强对周边地区发展的辐射带动能力。

淮河生态经济带区域内各省要结合节点城市自身特点，聚焦支持区域中心城市做大做强，围绕支持城市群协同效应充分发挥，优先支持区位较好、产业基础较强、具有一定综合实力的县（市）向中等城市发展，努力建设区域副中心城市。江苏省要以徐州、淮安、盐城三个中心城市重点，依托京沪铁路、京杭运河、京台高速等交通通道，重点支持新沂、金湖、邳州、盱眙、睢宁、东海、泗洪、高邮、兴化、滨海、响水、大丰等节点城市发展；山东省要围绕徐州城市群建设，大力发展济宁、临沂、枣庄、菏泽等区域副中心城市，重点支持滕州、邹城、曲阜、临沭、定陶、曹县等节点城市发展；安徽省要以建设阜阳、蚌埠两个中心城市为重点，依托淮河干线、京九铁路、济广高速等交通线路，重点支持太和、临泉、蒙城、寿县、凤阳、定远、颍上、天长、灵璧、怀远等节点城市发展；河南省努力建设商丘、信阳两个中心城市，大力推进周口、驻马店等区域副中心城市建设，依托域内陇海铁路、京广铁路、大广高速等交通干线，优先支持永城、夏邑、临颍、舞钢、汝州、淮阳、新蔡、固始、淮滨、桐柏等节点城市发展；湖北省要大力支持随县、广水、大悟建设区域节点城市，积极融入以信阳为中心的城市群发展。

二、形成"一带、三区、四轴、多点"空间开发格局的对策

《淮河生态经济带发展规划》对淮河生态经济带的发展作出了流域生态文明建设示范带、特色产业创新发展带、新型城镇化示范带、中东部合作发展先行区的战略定位。但目前淮河生态经济带的发展，正面临着区域经济实力发展不均衡、产业发展布局不合理、生态空间保护和生态承载力方面不平衡等诸多典型性难题。因此，优化淮河生态经济带空间开发布局，建设"一带、三区、四轴、多点"空间开发格局，对于促进淮河生态经济带绿色发展和带

动中国区域经济协调发展，具有重要意义。

（一）形成生态保护、高质量发展思维

1. 树立生态保护思路

以绿色化、生态化为导向，筑牢流域生态安全屏障，严格、清晰划定生态保护与开发建设边界，构建精细化的生态空间管控层次，实现面上保护、点上开发的良好互动关系。推动该区域生态系统保护与修复，全面提升流域生态功能。加强大气污染协同治理，切实改善流域环境质量。

2. 形成高质量发展思路

要强调水资源环境承载能力刚性约束和功能差异协调，减少人类活动对流域生态环境的干扰，逐步实现城乡发展与流域资源环境承载能力相适应，以水资源为底线优化发展规模与开发布局；要提高城市发展能级，引导全域城镇统筹协调发展；推进产业创新升级，优化农牧业发展空间布局；提升流域空间品质，打造特色凸显、价值多元的高品质生态空间。

（二）加强对生态空间的保护与修复

按照国家全面开展省级空间规划试点要求，以《全国主体功能区规划》为基础，统筹生态空间、生产空间和生活空间布局，制定合理的空间保护与发展的总体空间结构。我国社会经济在高速发展的同时也催生了一系列的环境问题，例如水体污染、土壤重金属污染以及空气污染等。因此，要加强对生态空间的保护与修复，组织实施淮河生态经济带重大生态建设与恢复工程，加强区域重大生态建设与恢复工程的顶层设计和统一部署。针对生态保护红线区域出现的生物多样性消失、水土流失、石漠化等问题，统一实施区域河湖、湿地生态保护修复等重大生态建设与恢复工程，保障生态保护红线区域生态系统服务的持续供给；明确产业和重大基础设施布局，预留发展空间，实现生态空间山清水秀、生活空间宜居适度、生产空间集约高效。

（三）构建体系完备、分工明确的城镇化体系格局

一是优化淮河流域城镇化格局，在人口规模、产值规模、产业层次、中心商品等方面做大做强各城市规模，打造成各具特色的区域中心城市，增强中心城市的辐射作用，促进各地经济发展。二是构建具有市场竞争力、类型丰富的工业化发展格局。工业化是城镇化、农业现代化与信息化的根

本动力，也是经济社会发展的原动力，在建设过程中，要尽量避免同质化、低层次竞争。三是构建特色鲜明、市场竞争力强的农业生产格局，优化农业生产格局，建立现代农业产业体系、生产体系、经营体系。四是构建定位清晰、双向联动的对外开放格局。五是构建尊重自然、顺应自然的生态屏障格局。既要突出抓好重点生态功能区建设，也要综合建设各具特色的生态板块格局。

（四）优化淮河生态经济带产业布局

建设"一带、三区、四轴、多点"空间开发格局最大难点之一就是产业布局，淮河生态经济带各地区经济增长的情况各不相同，这就要求做到统筹考虑，按照生态优先的原则从整体层面规划和实施。

1.区域产业协同发展

淮河流域作为中国发展潜力巨大区域之一，应发挥其区位优势、资源优势，引进新兴产业，不断丰富产业结构、产品业态，发展高附加值产业，成为全球重要的现代服务业和先进制造业中心。

2.产业与环境空间的协调发展

将淮河流域划分为不同的生态功能区域，针对不同区域的生态环境问题和生态功能，制定明确的鼓励、限制和禁止的产业。各地区在布局重大产业项目时，必须符合各区的功能定位。对不符合功能定位的现有产业，通过政策和市场手段，大力引导产业跨区域转移或关闭。同时，在生态功能区要加强生态保护与治理，积极发展生态旅游和林农加工等产业。

3.大力发展绿色产业

向低碳、绿色经济转型已经成为世界经济发展的总趋势。淮河生态经济带沿河地区在经济发展过程中，要把绿色经济发展战略纳入整体区域总体经济发展战略部署中，以绿色经济促进区域产业转型升级和绿色发展；要促进沿江重化工业产业调整优化，不断完善淮河流域重化工业布局规划，规范化工园区建设；推动企业污染环境治理工作，对沿岸污染严重的石化、化工企业应有序搬迁改造或依法关闭，切实降低淮河生态经济带重化工业产业布局密度。

（五）优化淮河生态经济带城市空间结构

按照生态优先、绿色发展的原则，整体规划和实施淮河生态经济带城市空间布局。首先，促进城市群间协调发展。实现城市群协调发展的关键是理顺淮河生态经济带城市群内核心城市和大中小城市之间的关系，科学定位不同城市的发展目标、产业特色和功能定位，推动城市群向经济社会一体化发展。其次，加强区域中心城市发展。通过提高中心城市整体实力和优化环境来引导区域内城市化发展；通过分工合作促进区域内其他中心城市特色化、专业化发展和功能互补以及生态环境的改善；围绕中心城市建设便捷的交通网络，建成整体协调、分工明确、特色分明、功能互补、生态良好的区域城市体系。

第四章　淮河生态经济带发展目标和战略重点

当前国际形势错综复杂，国内改革发展稳定任务艰巨繁重，在这样的形势下，合理确定淮河生态经济带发展目标，明确经济带发展重点，对于实现淮河生态经济带高质量发展，加快经济带现代化步伐具有极为重大的意义。淮河生态经济带要对标党的十九届五中全会通过的《中共中央关于制定国民经济和社会发展第十四个五年规划和二〇三五年远景目标的建议》，把淮河生态经济带发展放在全国经济发展全局考虑，合理确定发展目标和战略重点。

第一节　淮河生态经济带发展目标

淮河生态经济带发展目标的确定，必须以习近平新时代中国特色社会主义思想为指导，充分考虑淮河流域的发展现状，结合国家对淮河生态经济带的战略定位，贯彻新发展理念，体现发展的科学性、包容性和前瞻性，可以分为近期和中远期两个阶段展开。

在近期，也就是到 2025 年，淮河流域生态环境质量总体要显著改善，沿淮干支流区域生态涵养能力大幅度提高，水资源配置能力和用水效率进一步提高，水功能区水质达标率提高到 95% 以上，形成合理开发、高效利用的水资源开发利用和保护体系；淮河水道基本建成，现代化综合交通运输体系更加完善，基础设施互联互通水平显著提升；现代化经济体系初步形成，优势产业集群不断发展壮大，综合实力和科技创新能力显著增强；以城市群为主体、大中小城市和小城镇协调发展的城镇格局进一步优化，城镇化水平稳步提高；"淮河文化"品牌初步打响，基本公共服务均等化和人民生活水平显著提升；协调统一、运行高效的流域、区域管理体制全面建立，各类要素流动更加通畅，对外开放进一步扩大，内外联动、陆海协同的开放格局初步形成，区域综合实力和竞争力明显提高。

在中远期，也就是到 2035 年，淮河流域绿色生产生活方式广泛形成，生态环境实现根本好转，美丽淮河的目标基本得到实现；经济带经济实力、科技实力大幅提升，人民生活更加宽裕，乡村振兴取得决定性进展，新型工业化、信息化、城镇化、农业现代化基本实现，建成现代化经济体系；城乡区域发展差距和居民生活水平差距显著缩小，中等收入群体显著扩大；产业分工协作格局不断巩固，基本公共服务均等化深入推进，治理体系和治理能力现代化基本实现，建成美丽宜居、充满活力、和谐有序的生态经济带，基本实现社会主义现代化。

第二节　淮河生态经济带发展总体构想

建设淮河生态经济带，是国家的战略决策，事关国家现代化发展全局，事关淮河流域 5 省经济社会发展大局，事关淮河两岸 1.6 亿居民切身利益和民生福祉，必须制定清晰的总体构想，在科学目标方向的指引下，明晰未来的发展路径，实现经济带的发展达到预期效果。

从空间发展上来看，淮河处于长江、黄河两个大河中间，建设淮河生态经济带具有沟通连接长江经济带和黄河生态经济带的作用，通过与两个经济带协同发展，呈现沿大江大河同步平行发展的格局。

从区域发展上来看，淮河生态经济带处于连接东西、贯穿南北的位置，建设淮河生态经济带有利于东中部和南北部协调发展，可以将周边的长三角经济圈、江苏沿海开发区、山东半岛蓝色经济区、中原经济区和皖江城市带等国家区域发展战略有机衔接起来，共同发展成为我国经济社会发展的重要支持。

建设淮河生态经济带，可以为深入实施山东半岛蓝色经济区发展规划和江苏沿海开发区战略提供面积广袤、人口众多、市场广阔的支撑腹地，推动沿海港口和腹地经济实现双赢发展。同时，可以通过建设公路、铁路、水运、空中运输、管道运输等多种运输方式集合的现代综合交通体系，为推动淮河流域城市迅速崛起和实现跨越式发展提供新的动力。另一方面，建设淮河生态经济带还可为中原经济区、皖江城市带等区域开发出一个新的全球化发展的出海通道，通过淮河生态经济走廊连通江苏沿海港口与淮河干流及主要支流覆盖区域，打造集物流、商贸、服务业和新兴产业等一体发展的聚集高地，成为盘活区域流通、激发经济新活力的发展"出海口"，促进淮河流域经济向全球化发展。

淮河流域处于关键的战略区位，拥有丰富的资源储备，具有巨大的发展空间。建设淮河生态经济带，加快淮河流域现代化建设，深入推进区域协调发展，对于保障国家粮食安全、支撑国家能源安全和国家战略交通安全都具有重要现实意义。

一、以洪涝防治和污染治理为重要切入点，打造绿色生态廊道，呵护千里淮河

建设淮河生态经济带，要把协同推进生态文明建设摆在首要位置，按照"既要金山银山，更要绿水青山，绿水青山就是金山银山"的思路，统筹山水林田湖草系统治理，把洪涝防治和污染治理同部署同实施。以建设南北气候过渡带重要绿色生态廊道为目标，探索流域综合治理新模式，促进人与自然和谐共生。进而实现经济增长质量、资源利用效率、人民生活水平持续提高，生态环境质量切实得到改善，可持续发展能力明显增强，区域发展趋于平衡，人口、资源、环境状况适应并不断满足现代化发展的需要，建成经济繁荣、科教发达、生活富裕、法制健全、社会文明、环境优美的区域。在维护国家生态安全的同时，让千里淮河始终保持美丽。

（一）扎实提升淮河流域防洪除涝抗旱减灾能力

以《淮河流域防洪规划》《淮河流域综合规划》《淮河生态经济带发展规划》等淮河水利规划性文件为指导，在以环境保护和生态培育为主的原则下，优先解决涉及人民群众直接利益、与人民群众关系最密切也最现实的防洪除涝抗旱以及饮水安全等问题，重点做好防洪除涝和水资源开发利用，推进水资源节约保护，着力提升淮河流域防洪除涝抗旱减灾、水资源保障、

水资源和水生态保护能力。在淮河上游地区，要进一步推进完善中大型水库等水利设施建设，增强上游拦蓄洪水的能力；在淮河中游地区，要进一步加快淮河行蓄洪区调整和建设，通过迁出淮河干流滩区居民，整治河道、扩大洪水通道，治理流域内重点平原洼地、提高平原洼地排涝标准等措施，强化中游行洪滞洪能力；在淮河下游地区，要以洪泽湖滞洪区建设为依托，推进洪泽湖大堤加固，加快推进淮河入海水道二期工程，整治入江河道，建设高标准堤防，进一步巩固和扩大淮河下游、沂沭泗河下游排洪出路，降低洪泽湖水位，提高淮河干流及重要支流防洪排涝能力。同时要持续推进大中型水库巡查监测除险加固工作，加强城市防洪除涝设施建设，提升防涝除涝能力。对于沿海地域，要加强海堤达标建设，提升海堤地域侵蚀能力。要通过建设应急备用水源地、建立流域洪水调度预案、完善防汛抗旱监测预警系统等手段，提升流域内城乡防洪抗旱应急能力。

（二）扎实推进淮河流域生态环境污染综合治理

淮河干支流沿岸各地要全面落实《水污染防治行动计划》，以改善水环境质量为核心，进一步加强对污染源头的控制。通过开展分流域、分区域、分阶段的科学治理措施，推进水污染防治、水生态保护和水资源管理系统化，形成政府、企业、市场、公众多方参与、协同共治的淮河流域生态污染防治新机制。全面实现入河排污总量控制的目标，基本实现河湖水功能区主要污染物控制指标达标的目的。要实施流域环境和近岸海域综合治理，以工业污水治理为重点，进一步严格落实企业环境准入制度，限制耗水量大、废水排放量大的项目新建和扩大产能。对环保不达标的落后产能开展全面排查并坚决予以淘汰。严格控制缺水地区、水污染严重地区和敏感区域高耗水、高污染行业发展。对重污染行业开展专项整治行动，重点加强清洁生产审核和工业用水循环利用，切实减轻污染排放。以增强港口码头污染防治能力为抓手，全面加强船舶港口污染控制，优化近岸海域环境。探索建立以市场为基础的生态环境保护机制，借鉴太湖污染治理经验，建立流域内排污权交易机制，实现市场对企业的生态补偿，提升企业对污染治理的积极性；也可以借鉴新安江流域跨省生态补偿机制试点的有益经验，争取开展淮河流域跨省生态补偿机制试点，构建跨省域的生态补偿机制，组建包括中央和地方 5 省政府在内的淮河生态经济带补偿委员会，通过建立省际常态化沟通与合作平台，以横向财政转移支付为主、纵向转移支付为辅、社会资金为补充，构建资金来源多元化的生态补偿资金体系，大力推进造血补偿，提升被补偿地区可持续发展能力，从而进一步理顺淮河上中下游的生态补偿关系，实现淮河污染治理的根本性变革。

专栏1　　　　　　　　　　　**生态补偿机制**

2016年，《国务院办公厅关于健全生态保护补偿机制的意见》（国办发〔2016〕31号）出台，为扩大生态保护补偿范围、提升补偿标准，更好实现保护者和受益者良性互动提供了具体指导意见，对于进一步健全生态保护补偿机制，加快推进生态文明建设提供了制度保障。这些指导意见是在各地试点经验取得阶段性成果的基础上，结合全国情况制定的。主要试点经验有：

2008年1月，《江苏省太湖流域环境资源区域补偿试点方案》正式实施，方案对太湖流域生态补偿进行了具体规定，建立跨行政区交接断面和入湖断面水质控制目标，上游设区的市出境水质超过跨行政区交接断面控制目标的，由上游设区的市政府对下游设区的市予以资金补偿；上游设区的市入湖河流水质超过入湖断面控制目标的，按规定向省级财政缴纳补偿资金。

2012年，财政部、生态环境部及安徽、浙江两省正式实施全国首个跨省流域生态补偿机制试点，签订《新安江流域水环境补偿协议》，开启新安江上下游共治、共享和互利共赢的新篇章。根据协议，中央财政每年拿出3亿元，安徽、浙江各拿1亿元，两省以水质"约法"，共同设立环境补偿基金，专门解决跨流域环境污染问题。2015年，安徽、浙江两省启动为期三年的第二轮试点，除中央财政资金支持外，两省均提高出资至2亿元。2018年，两省又签订第三轮生态补偿协议，规定2018—2020年，两省每年各出资2亿元，共同设立新安江流域上下游横向生态补偿资金，延续流域跨省界断面水质考核。

（三）扎实推进淮河流域生态保护与修复

淮河上下游各地要对生态脆弱的地区积极实施生态保护和修复。要遵循逐次渐进的原则，从最脆弱最急需修复的地区入手，推进覆盖整个淮河流域的生态修复。首先，要加强对湿地生态的保护。淮河流域湿地众多，既有沿河型湿地又有滨海型湿地，要严格限制危害湿地生态的开发利用行为，减少人类活动对湿地这一生态系统的破坏；要采用退耕退圩还湿、人工恢复天然植被等工程措施，通过建立湿地保护区、滨海林场、湿地公园等保护形式，加强对淮河源头及干支流沿岸湿地和江苏、山东沿海湿地的修复与保护。其次，要加强对森林生态的保护。以淮河上游中游山区丘陵为重点，严格落实全面停止天然林商业性采伐的政策要求；通过封山育林、退耕还林等措施，在恢复丘陵山地森林植被的同时，加快推进平原地区储备林基地建设。再次，要加强矿山生态恢复治理。要积极利用新技术手段，在实现资源开发的基础上，提高矿区沉陷防治能力，以采煤沉陷区综合治理为目标，持续推进济宁、淮北、淮南、商丘、平顶山等重点采煤沉陷区治理，借鉴国内外先进经验，对连云港锦屏煤矿、济宁邹城等独立工矿区开展综合治理；要以搬迁安置、土地复垦、生态修复为主要手段，探索矿山生态恢复治理新机制，实现环境资源得到补偿、农民用地和生活得到保障，进而形成矿山修复投入、治理、受益的良性循环。

专栏2   **生态保护与修复**

    天然林资源保护。全面保护天然林，强化天然林保护与修复，重点加强各级公益林建设。

    防护林体系建设。实施"绿色行动"，以淮河干流及一级支流、大型水库和湖泊为重点，打造以水源涵养林、水土保持林、农田林网和堤岸林为主的防护林体系。

    水土流失治理。上游地区开展以坡耕地水土综合整治为主的小流域综合治理，中下游地区开展水土保持植物工程和水土综合整治。

    河湖保护与湿地生态保护。加强洪泽湖、高邮湖、宝应湖等大型水库和湖泊保护，开展淮河一级支流水生态修复，实施南四湖、连云港临洪河口湿地保护区、台儿庄运河湿地、双龙湖湿地等生态保护与修复。

退圩（耕）还湿。实施退圩还湿、退耕还湿工程和渔民上岸安居工程，进一步恢复湖泊调蓄能力和湖泊湿地生物多样性。

培育生态保护修复主体。开展大规模国土绿化行动，引导各类企业、集体、社会组织、个人等加大资金投入力度，培育一批从事生态保护修复的专业化企业和组织。

生态保护与建设示范区。打造济宁市、南阳市、连云港市东海县、信阳市固始县和新县等生态保护与建设示范区，探索生态保护与建设新经验。

二、以实现新型工业化和农业现代化为目标，转变经济发展方式，推进产业转型升级

淮河流域是我国重要的农产品商品粮基地和棉花、油料、水果、蔬菜等农产品重要产区，矿产资源丰富，是华东地区乃至我国重要的煤炭和能源基地。但淮河生态经济带所处区域的经济发展水平仍然以农业和矿产资源开发等较低水平的工业生产为主，经济发展总体水平相对发达地区明显滞后，亟需以新型工业化和农业现代化为目标，优化产业布局，加快传统产业转型升级，壮大提升战略性新兴产业，巩固全国重要粮食生产基地的地位，促进新旧动能转换，打造一批以现代农业、现代制造业、新型化工业、新材料产业、现代服务业为主体的龙头企业和优势产业群，形成完善的产业支撑体系。

（一）优化全流域产业结构布局

淮河生态经济带各地发展差异较大，要结合各地资源禀赋，对接国家和区域发展战略需求，进一步优化产业布局，形成配置合理、功能协调、相对集中的特色产业基地空间发展格局。按照产业发展程度和类型来划分，淮河生态经济带主要可以分为3个区域进行产业布局。第一个是以淮安、盐城为区域中心的东部海江河湖联动区。该区域具有区位条件优越，工业发展较为成熟，具有较为完整的工业体系的优势，要以构建现代工业体系、完善现代

服务业体系为目标,重点布局先进制造业、高新技术产业,发展高效特色农业,推动现代服务业发展。第二个是以徐州为区域中心的北部淮海经济区。该区域具有承东启西、南引北联的区位优势,要积极承接东部发达地区的产业转移,提升整体产业发展水平,发展壮大优势产业,同时加强区域内的产业协同发展,促进优势互补,培育新兴特色产业,建设全国重要的高端制造业基地和现代服务业中心。第三个是以蚌埠、阜阳、信阳为区域中心的中西部内陆崛起区。该区域产业基础较为薄弱,要立足自身传统产业的优势,积极承接产业转移,推动资源型城市转型发展,因地制宜发展生态经济,实现经济发展和生态保护良性互动的良好局面。

(二)加快农业现代化建设,提升农业发展质量

淮河生态经济带所属区域虽然是国家重要的商品粮生产基地,但农业从业人员数量多,生产效率低下,农业综合生产能力不高,农业科技发展水平不高,农业抵御自然灾害、市场风险能力距离现代农业仍有较大差距。要进一步夯实农业生产能力基础,通过加强农田水利基础设施建设,推进中低产田和低丘岗地改造,大力推进土地整治建设高标准农田,创建一批国家级和省级农业示范区,打造一批粮食生产能力超10亿斤的粮食生产大县。要全面落实永久基本农田特殊保护制度,加强粮食生产功能区和重要农产品生产保护区建设,加大中央财政对粮食主产区的投入,完善粮食主产区利益补偿机制,健全农产品价格保护制度,提高粮食主产区和种粮农民的积极性,确保稻谷、小麦等口粮种植面积基本稳定。要建设与现代化相适应的农业产业体系、农业生产体系和农业经营体系,调整优化农业布局,大力推进特色农产品优势区建设,推行农产品"三品一标"(无公害农产品、绿色食品、有机农产品和农产品地理标志)认证,积极发展生态农业,打造区域优质畜产品、生态茶叶基地、优质水产品品牌。要加强农业科技服务,以良种培育和农业机械化为重点,加大科技攻关力度,提升农业生产效率。持续深化农村改革,将农村土地制度、农业经营制度等纳入改革范畴统筹推进,构建运营高效、机制灵活的农业发展制度环境,着力破解制约农村农业发展的制度障碍,为经济发展创造更加适宜的制度环境。

专栏3　　　　　　　　　　提升粮食综合生产能力

　　灌区节水工程。加快完成现有大中型灌区续建配套与节水改造任务，持续推进河南省大别山引淮供水灌溉工程、出山店灌区、前坪灌区、山东庄里灌区等灌溉工程建设工作。

　　高标准农田建设工程。实施土地整治规划，推进新增千亿斤粮食产能规划田间工程、农业综合开发、土地综合整治工程建设，以万亩方、千亩方、百亩方粮田建设为基础，形成区域化、规模化、生态化集中连片的粮食生产基地。

　　农业机械化推进工程。推进小麦、水稻生产全程机械化，重点解决稻谷、玉米、油菜标准化种植和生产关键环节机械化，加快实现农业生产机械化。

（三）壮大支柱产业，发展优势特色产业

　　淮河生态经济带在推进工业化发展过程中，加快推进技术改造升级，提升产业技术、工艺装备、产品质量水平，推动淮河流域内具有相对优势的冶金、化工、纺织、食品、机械制造等传统产业升级换代，提升生产效率和技术水平。要按照生态绿色发展要求，大力淘汰落后产能，对污染企业开展技术改造，提升产业环境友好度。要注重提升产业链价值，推动产业集群式发展，依托核心骨干企业，建设一批产品特色鲜明、技术具有优势、产业链协同高效、综合效益较高的新型工业化产业集群。要推进生产性服务业突破发展，健全特色产业发展体系，运用融合理念思维，大力发展现代物流、电子商务和金融服务业，以专业化、网络化和高价值的生产服务为工业化升级发展提供更加有力支持。以徐州、济宁、枣庄、淮北、淮南、永城等地为重点，依托连云港等港口交通优势，引进新技术装备，延长煤炭产业链，实现煤焦、煤钢、煤铝、煤化工等联动发展，进一步提升产业效益。要以盐城乘用车制造基地为依托，大力发展新能源汽车、专用车，打造沿淮汽车产业走廊；以徐州、淮安、盐城、临沂、济宁、滁州等为区域中心，依托徐工、临工等骨干企业，整合产业链，协同发展，打造世界级工程机械产业集群。同时利用自身产业基础，积极培育发展新型农机、石化装备、纺织机械、矿山机械

等新业态，打造新的产业集群；大力发展绿色有机食品产业，依托漯河双汇、信阳华英鸭业、商丘科迪乳业、徐州维维食品等食品龙头企业，推动食品产业集聚区和特色农产品深加工产业集群建设。要紧跟新技术革命步伐，以新一代移动通信手机、便携式通信产品、汽车电子、半导体等为发展重点，努力突破整机制造、零部件制造、关键技术研发等相关领域，加快推进互联网设备、智能家居、车载终端等开发和制造。要强化对新一代信息技术在工业中的应用，以推进产品嵌入智能技术、成套设备智能化、培育新型智能产品为重点，大力推进产品装备智能化；以提升企业装备智能化水平、培育和推广智能制造新模式、建立健全智能制造产业生态为主要任务，大力推进智能制造；要大力建设购销经营平台，实现企业电商普及应用，推动重点行业电子商务深化应用；通过采取建设工业信息基础设施、大力实施企业云平台建设、推进产品网络化服务、开展工业大数据分析和应用等措施，大力推进制造服务网络化。

（四）加快培育壮大现代服务业

淮河生态经济带要把发展现代服务业作为提升产业发展水平和质量的关键。要积极发展生产性服务业，重点发展以现代物流、金融、科技信息服务、人力资源服务等为主要形式的服务业态。要利用区域的交通区域条件，打造一批具有相当规模的物流运输中心，实现物流产业化发展，构建沿淮现代物流服务体系；依托徐州、淮安、蚌埠等区域中心城市积极建设区域金融中心，提升金融服务便利化，增强服务区域工农业发展的能力。积极支持人力资源第三方服务发展，促进人力资源流动，优化人力资源集聚。要积极发展生活性服务业，充分利用淮河流域丰富的人口优势和巨大的市场需求，以家政服务、体育健身、教育培训等为重点，提升服务品质，实现便利化、精细化、品质化发展。利用互联网、大数据等手段，鼓励发展个性化定制服务，促进生活服务专业化、特色化。抓住居民消费升级的机遇，大力发展高品质、精准化、体验式服务，形成新的服务业态，延长生活性服务产业链。推动服务业融合发展，支持信阳、驻马店、淮安、桐柏等地建设康养产业示范区。积极发展旅游业，利用淮河流域丰富的历史人文资源和自然景观资源，成立淮河流域旅游发展战略联盟，合作开发具有淮河特色的旅游产品，打造淮河旅游品牌，提升知名度，建设具有全国影响力的重要旅游目的地。要建立以旅游企业为主体的市场机制，充分利用"互联网+"，推动旅游产品和服务数字化、智慧化，发展生态旅游、文化旅游、红色旅游、工业旅游、休闲体验旅游、乡村旅游等，支持旅游业与美食、体育、娱乐等业态协同发展。鼓励支持社会资本进入现代服务业领域，提升服务业效益，增强区域服务业发展活力。

专栏4 　　　　　　　　　　**发展特色旅游业**

乡村旅游。完善乡村旅游发展机制，打造淮河沿岸乡村旅游带，重点开发生态农园、农业庄园、科技农园、文化创意农园等特色休闲产品，实现从观光到度假的农业旅游全产业链融合发展，建设全国休闲农业与乡村旅游示范区。

红色旅游。推进淮安市周恩来纪念馆及故居、刘老庄八十二烈士纪念馆、黄花塘新四军军部旧址，徐州市淮海战役纪念馆，枣庄市铁道游击队纪念馆，临沂市沂蒙革命纪念馆，菏泽市冀鲁豫边区革命纪念馆，滁州市凤阳小岗村，六安独山革命旧址群，信阳市鄂豫皖苏区首府革命博物馆，漯河临颍南街村，驻马店市杨靖宇纪念馆及故居、鄂豫边省委旧址纪念馆，南阳市叶家大庄桐柏革命纪念馆等爱国主义教育示范基地建设，打造红色旅游精品旅游路线。

水利和湿地旅游。依托水利枢纽工程、水利风景区、湿地公园等水利和湿地资源发展旅游业，支持信阳市两湖区域、桐柏县、随县规划建设淮河源生态旅游体验地，建设洪泽湖、宿鸭湖、高邮湖湿地公园，推进沿海滩涂湿地公园建设。

三、以完善基础设施网络为手段，构建现代综合交通体系，促进淮河生态经济带区域经济一体化发展

淮河生态经济带要坚持规划引领，加强流域内城市间合作，协同推进交通、水利、信息等基础设施网络建设，构建集水运、干线铁路、高速公路等

方式于一体的综合交通体系，为加强区域内要素联通互动创造条件，实现无缝对接，促进区域协同合作，实现一体化发展。

（一）畅通淮河水系，打造黄金水道

经过多年持续治理，淮河流域水利工程设施逐渐完备，控制和调度洪水能力显著增强，已经形成较为有效的防洪减灾工程体系。淮河中游主要堤防淮北大堤的防洪标准提高到 100 年一遇，有力减轻了洪泽湖的防洪负担，提升了淮河航道的通航级别，为大规模发展内河航运创造了基础条件。另一方面，随着江苏滨海港的建设，淮河入海更加便利，淮河内河航运的优势更加凸显，黄金水道的作用将得到更大程度发挥。淮河水系目前航道里程 1.75 万 km，其中三级以上航道里程仅 1210km，四级航道 839km。预计到 2030 年，淮河水系将建成以四级以上航道为骨干的干支衔接、通江达海的航道网络，实现年内河货运量 4.2 亿 t，内河货物年周转量达 922 亿 t·km。首先，要实现淮河航运通江达海，加快推进淮河出海二级航道、滨海港直连工程、连云港港 30 万吨级航道建设，打通出海通道；通过进一步实施淮河干流和主要支流航道整治和疏浚，升级扩容航道船闸，提升航道等级，增加淮河通航里程；通过推进引江济淮工程、开发京杭运河航道等措施，发挥蚌埠、徐州、宿迁、济宁等内河航运港口作用，增强铁水联运、港航联动的内河航运能力。其次，要合理布局推进淮河港口建设，以滨海港 30 万吨级航道工程建设，10 万 tLNG 专用码头工程建设为重点，加快滨海港航道工程、挖入式港池、航道及防波堤工程建设，建设射阳港、响水港等沿海喂给港，打造滨海港成为"淮河门户，东方新港"；以淮安、徐州、宿迁、枣庄、济宁、菏泽、阜阳、蚌埠、淮南、亳州、周口、漯河、固始、淮滨等内河港口二类口岸建设为依托，提升港口专业化现代化水平；以信阳淮滨、蚌埠、淮安、连云港、盐城滨海港等临港经济区建设为依托，提升港口带动腹地经济发展的能力。再次，要大力发展内河水运市场，将淮安打造成为集物流仓配、水运、综合性口岸为一体的淮河水运中心，大力发展内河集装箱运输，提升运输能力，充分发挥淮河水道作用。

专栏5　　　　　　　　　　　淮河入海水道建设

　　淮河入海水道位于淮河下游，与苏北灌溉总渠平行，紧靠其北侧，西起洪泽湖二河闸，东至滨海县扁担港注入黄海，经过清江浦、淮安、阜宁、滨海4县（区），全长163.5km；淮河入海水道京杭运河交叉口淮安枢纽至连申线交叉口滨海枢纽段83km为规划国省干线——淮河出海航道的重要组成部分，是《长三角高等级航道网规划》和《全国内河航道与港口布局规划》确定的高等级航道，也是纳入国务院批准的《江苏沿海地区发展规划》中的重要港口集疏运航道，原规划等级为3级。一期工程于1999年开工建设，2006年全面建成。

　　2022年7月30日，淮河入海水道二期工程开工建设。淮河入海水道二期工程叠加实施二级航道工程建成后，入海水道将拓宽40m，河道总宽度达100m左右，泄洪能力将由现在的2270m³/s提升到7000m³/s，洪泽湖防洪标准从100年一遇提高到300年一遇，对于充分发挥淮河沿线的资源禀赋优势，对接"一带一路"、长江经济带、沿海开发等国家战略，实现淮河生态经济带的联动发展具有重要意义。

（二）建设沿淮铁路和高速公路，完善铁路和高速公路网络

　　要进一步完善淮河流域铁路布局，以沿淮铁路建设为重点，形成东起大丰港，向西依次经过宝应、盱眙、蚌埠、阜阳、驻马店、南阳、十堰、安康、汉中，在阳平关向西延伸接轨兰渝铁路，直达兰州的新陇海铁路；加快推进京九高铁、徐连高铁、盐南铁路、徐宿淮盐铁路建设，补齐区域铁路建设短板。要进一步完善区域公路网络，规划建设东起滨海，向西依次经过淮安、蚌埠、淮南、阜阳和信阳的沿淮高速公路；加快推进京沪高速江苏段扩容，有序推进地方高速公路建设，优先建设国省干线市际未贯通路段和瓶颈路段，形成与连霍高速、京台高速、京港澳高速、大广高速等国家级主干道相互补充的高速公路网络；以资源开发、农业扶贫、旅游开发为重点，形成覆盖城乡的公路网，提升公路对支持经济发展的基础性作用。

（三）发展航空和管道运输网络

　　把握航空业发展趋势，增强规划前瞻性，以徐州、信阳机场为中心，在

淮河流域建设一批支线机场，提高机场覆盖度，满足日益增加的航空需求；大力发展通用航空业，在商丘、周口、济宁、蚌埠、宿迁、淮安等地加快推进通用机场建设，形成具有完善功能和运力容量的沿淮通用航空作业走廊。依托淮河流域丰富的盐卤、天然碱、铁精矿、凹土、石英石等自然资源，科学开发盐卤、天然碱等重要经济资源。要合理布局管道运输网络，充分发挥管道运输的成本优势，加快流域资源要素的合理配置。以连云港燃油储备库、滨海港 LNG 专用码头以及淮安地下储气库建设为依托，加大燃油天然气储备库和主管网等管道基础设施建设力度，建设输油输气支管网，形成覆盖全流域的主干管网输送体系。

专栏6　　　　　综合交通系统建设

　　机场：新建信阳机场、蚌埠机场、商丘机场、鲁山机场、亳州机场、枣庄机场、菏泽机场和一批通用机场，推进淮安航空货运枢纽建设，实施扬州泰州机场、徐州观音机场、盐城南洋机场、阜阳西关机场、临沂机场改扩建工程，推进连云港机场、济宁机场迁建，加快推进滁州机场、宿州机场建设前期工作。

　　铁路：建设合肥—新沂、徐州—连云港高速铁路，连云港—盐城、盐城—南通、徐宿淮盐等铁路。

　　高速公路：完成京沪高速改扩建、京台高速泰安—枣庄段改扩建，推进国家高速公路待贯通路段建设。到2025年，进一步完善区域高速公路网络。

　　管道：依托淮安—连云港、淮安—滨海港、淮安—蚌埠输卤管道，推进跨区域盐卤输送管道、配套建设输配体系和储备设施建设；建设泌阳—桐柏—淮滨—蚌埠—淮安—滨海港的天然碱输送管道，同步完善沿线地区天然碱储配设施；以淮安为中心枢纽，建设覆盖整个淮河生态经济带的成品油输储网络；建设平顶山叶县地下储气库、西气东输二线平泰支干线禹州—漯河天然气支线工程、西气东输天然气信阳支线工程；建设一批天然气区域干网、支线管网工程及配套储气调峰设施，研究规划建设徐州—皖北等跨区域天然气管道；规划发展海上风电和沿淮低风速风电非并网直接制氢、氧产业，加强氢气、氧气输送管道建设；建设日照—仪征原油管道复线连云港支线、中石化新粤浙管线豫鲁支线。

内河航道：建设淮河入海水道二期配套船闸工程、京杭运河湖西航道（二级坝—苏鲁界）改造工程、京杭运河济宁—徐州段航道三级升二级工程、新万福河复航工程、沱浍河航道、引江济淮航运工程、淮河出海航道、灌河航道整治工程、淮河干流安徽段航道整治工程、涡河安徽段整治工程、淮河息县—淮滨航运工程、沙颍河扩能改造工程、宿迁—连云港航道、滨海直连工程等。

四、以新型城镇化建设为重要抓手，强化统筹协调，实现区域城乡融合发展

新型城镇化示范带是《淮河生态经济带发展规划》对淮河生态经济带发展的重要战略定位。要在不牺牲农业生产和生态环境的前提下，以新型城镇化为引领，推进城乡协调发展，构建新型工业化、农业现代化的发展平台，走多级集聚、城乡统筹、生态宜居、民生安全和共同富裕的城镇化道路。这就需要加强顶层设计和规划，制定科学合理的城镇化发展战略和目标，明确城市、农村和产业的功能分工和发展方向。推进城乡基础设施一体化，加快道路、桥梁、供水、供电、通信等基础设施建设，提升城乡公共服务水平，改善人居环境。同时，要积极发展农村产业，鼓励农民创业就业，推动农村经济发展，增加农民收入，实现城乡融合发展。

（一）推进各类城市协调发展

淮河生态经济带人口众多，城镇化发展的任务繁重，必须坚持以核心带动、多类型城市协同发展的政策，有序推进大中小城市协调发展，推进农业转移人口市民化，推动城乡融合向纵深发展。淮河流域在推动城市化的建设中，要注重培育区域中心城市，推进产城融合，引导人口集聚，充分发挥中心城区的辐射力和带动力。增强淮安、盐城、徐州、蚌埠、商丘、阜阳、信阳等区域中心城市辐射带动能力，优化市辖区规模结构，力争到2025年培育形成若干主城区常住人口300万以上的城市。进一步优化城市形态，提升服务功能，有序推进新城区建设和老城区改造，推动城市产业高端化和功能

现代化，创新城乡融合发展机制和城镇联动发展机制，引领形成区域联动、结构合理、集约高效、绿色低碳的新型城镇化格局。推动位于中心城区、工业比重低的开发区向城市综合功能区转型。加快城区老工业区搬迁改造、独立工矿区改造搬迁，支持徐州、平顶山等地创建老工业城市和资源型城市产业转型升级示范区。要大力发展中小城市，以县级市为重点，优化产业和公共服务资源布局，提升基础设施和公共服务供给能力，推动基础条件好、发展潜力大、经济实力强的县级市发展成为50万人口以上的中等城市，有条件的县城发展成为20万人口以上的小城市，有效解决人口过度聚集引致的"大城市病"和农村剩余劳动力的就业问题。同时，鼓励中小城市因地制宜发展生态产业、特色产业，促进农业转移人口就近城镇化，改变传统的以"候鸟式"和"钟摆式"人口流动为代价的城镇化，使中小城市成为弥合城乡差距、促使转移人口就地城镇化的聚集地。

（二）大力推动城市群发展，实现城市组团发展

《淮河生态经济带发展规划》将淮河生态经济带划分为3个发展区域，即东部海江河湖联动区、北部淮海经济区、中西部内陆崛起区。经济和产业发展是城镇化的基础，淮河生态经济带城镇化发展也要按照经济区域的不同，着力发展三个城市群，即东部海江河湖城市群，北部淮海城市群，中西部内陆城市群。要进一步强化淮安、盐城、徐州、蚌埠、商丘、阜阳、信阳作为区域中心城市作用，提升中心城市辐射带动能力，增强区域中心增长极，带动城市群协同发展，建设淮河生态经济带三大城市群。三大城市群建设为淮河生态经济带城镇化布局提供了躯干，为区域城镇化发展提供了广阔的空间和纵深。进一步强化三大城市群间互动合作，放大中心城市辐射带动作用，加快成立多种形式的城市联盟，释放城市群集聚效应。三大城市群组团发展重点要致力于打破行业壁垒，加强跨界融合，聚力打造"1+1+1>3"战略协同体，聚智聚力解决淮河流域新老水问题，赋能淮河，把水的文章做足做活，助力淮河流域生态经济社会文化发展全面升级，为国家重大战略实施和淮河流域经济社会高质量发展提供有力支撑，为加快谱写人水和谐淮河新篇章做出新贡献。具体而言，三大城市群组团要坚持循环发展，构建生态产业体系；坚持绿色发展，打造生态环境保护体系；坚持共享发展，打造生态人居体系。

紧紧围绕淮河流域生态治理、沿淮经济高质量发展、淮水文化提升的总目标，提升发展战略能级，通过打造城市数字化名片为区域数字化建设赋能。充分发挥淮河沿线地区生态基础好、文化积淀深厚的特色优势，强力推进淮河生态经济带在现代农业、信息产业、新型工业、城镇化等各个领域的发展，加快构建沿淮河产业带、城镇发展轴，走好绿色发展路。

（三）大力推进城乡融合发展

淮河生态经济带在推进城镇化过程中，要统筹城乡发展，促进城乡融合发展。要注重保护农民的利益，与农业现代化相辅相成，强调在产业支撑、人居环境、社会保障、生活方式等方面实现由"乡"到"城"的转变，实现城乡统筹和可持续发展。要深化重点领域和关键环节改革，不断破解人口管理、土地管理、资金保障、生态环境等体制机制难题，形成有利于城镇化健康发展的制度环境。要按照城乡发展一体化要求，改革城乡分割的经济社会发展和管理体制，持续推进淮河生态经济带城乡规划、产业发展、基础设施、公共服务、就业社保和社会管理一体化，促进城乡协调发展和共同繁荣。要加快推进农业转移人口的市民化，推进人口服务管理制度改革创新，逐步消除城乡区域间户籍壁垒，还原户籍的人口登记管理功能，促进人口有序流动、合理分布和社会融合；适度发展劳动密集型工业和第三产业，为农民提供更多就业岗位，为其在城市生活提供必要的物质基础；推进农业转移人口享有城镇基本公共服务，着力保障农村转移人口随迁子女平等受教育权利，特别是实施义务教育"两免一补"和生均公用经费基准定额资金随学生流动可携带政策；完善公共就业创业服务体系，组织实施农业转移人口职业技能培训，提升农村转移人口就业能力；扩大社会保障覆盖面，落实全民参保登记计划，扩大社保覆盖面，建立统一的城乡居民医疗保险制度，不断扩宽住房保障渠道，确保农业转移人口"住有所居"。

第三节　淮河生态经济带发展战略重点

淮河生态经济带建设的目标已经确定，要实现这个目标，必须依据淮河流域的经济社会基础现状，把握政策机遇，对标淮河流域实现现代化过程中面临的一些突出矛盾和难点问题，准确合理确定重点战略任务，突出发展和民生两大主题，统筹生态、生产、生活"三生"空间，依靠改革的措施，强化协同合作，推动淮河生态经济带全面发展。

一、加强水利设施建设，提高防洪除涝减灾能力和水平

淮河是新中国成立后第一条有计划地全面治理的大河。在"蓄泄兼筹"治淮方针指导下，经过半个多世纪的不懈努力，全流域兴建了大量的水利工程，初步形成了一个比较完整的防洪、除涝、灌溉、供水等工程体系，大大改变了昔日"大雨大灾，小雨小灾，无雨旱灾"的面貌。但应该看到，2016年和2020年，当淮河流域上中游遇到持续性降雨后，往往会形成洪水，淮河干流防洪压力陡增，甚至不得不启用行蓄洪区等措施，沿岸居民的生命财产安全遭受巨大威胁。当前，淮河上游防洪标准偏低，中游行洪不畅，下游洪水出路规模不足；沂沭泗水系重要保护区防洪标准偏低；行蓄洪区启用时需要大量转移群众；低洼地区因洪致涝和"关门淹"的现象依然严重，流域防洪减灾体系仍需进一步健全。因而，进一步加强淮河流域水利设施建设，提高防洪减灾能力便显得尤为重要，也是淮河发展必须具备的基础。

（一）提升淮河流域防洪除涝标准，建成较完善的流域防洪除涝减灾体系

淮河流域防洪除涝减灾体系建设要从提升防洪除涝标准入手，根据经济社会发展水平，合理确定标准，倒逼体制机制改革，加快工程建设进度，提升防灾减灾能力。建立淮河流域防洪除涝标准，要加强全域统筹，遵循客观规律，量力而行，分阶段、分步骤有序推进重大工程，提升防洪除涝标准。

1. 近期防洪除涝标准

基本建成较完善的流域防洪除涝减灾体系。淮河干流上游防洪标准近20年一遇，中游淮北大堤防洪保护区和沿淮重要工矿城市的防洪标准达100年一遇。洪泽湖防洪标准达300年一遇，沂沭泗水系骨干河道中下游地区主要防洪保护区的防洪标准达到50年一遇。重要支流防洪标准总体达到20年一遇，洙赵新河等防洪标准达50年一遇。中小河流防洪标准10～20年一遇，除涝标准3～5年一遇。重要城市防洪标准达50～100年一遇，海堤防潮

标准达到 20 ～ 100 年一遇。重点平原洼地除涝标准达到 5 年一遇，里下河腹部地区除涝标准达到 10 年一遇。

2. 远期防洪除涝标准

建成较完善的现代化防洪除涝减灾体系，防洪减灾能力提高到与经济社会发展相适应的水平。淮河干流上游防洪标准达 20 年一遇，中游淮北大堤防洪保护区、沿淮重要城市和洪泽湖的防洪能力进一步加强；沂沭泗水系南四湖、韩庄运河、中运河、骆马湖、新沂河的防洪标准逐步提高到 100 年一遇。重要支流防洪标准达到 20 ～ 50 年一遇；平原洼地按照近期治理标准，扩大治理范围，完善面上配套，进一步提高平原洼地的除涝能力。

（二）加快水利水资源控制性工程建设，打牢防灾减灾基础

淮河干流上游从桐柏山到王家坝距离 364km，落差 178m，中游从王家坝到洪泽湖三河闸的距离 490km，落差仅 16m，下游从三河闸到镇江市的三江营入江口距离 146km，落差更是只有 6m。较低的河流落差，平原平缓的地形，面对突发性洪水，极易产生拥堵，形成灾害。要分段实施水利设施建设，切实解决淮河上游拦蓄能力不足、淮河中游行洪不畅、淮河下游出路不足等问题。

1. 淮河上游水利工程建设

加快完成已经开建的出山店、前坪、江巷等具有防洪、灌溉、供水等功能的大型水库建设工作，尽快启动张湾大型水库的建设，加快庄里、白雀园、袁湾、晏河、下汤、双堰等一批中型水库的前期各项研究进度，尽快启动建设工作。（表 4-1）加强各地小型水库建设，加固病险水库，扩大水库控制面积，有效提升上游拦蓄能力，为淮河防洪安全打下坚实基础，为黄金水道建设提供稳定可靠的水资源保障。

表 4-1　　　　　　　　　　淮河上游地区部分计划新建大中型水库情况

序号	水库名称	所在水系或河流	开发目标	控制流域面积/km²	设计洪水标准/%	总库容/亿 m³	防洪库容/亿 m³	兴利库容/亿 m³
1	张湾水库	竹竿河	防洪、灌溉、供水、发电	1360	0.2	16.71	7.08	4.65
2	庄里水库	十字河	供水、防洪、灌溉、发电	335	1	1.35	0.21	0.8

序号	水库名称	所在水系或河流	开发目标	控制流域面积/km²	设计洪水标准/%	总库容/亿m³	防洪库容/亿m³	兴利库容/亿m³
3	白雀园水库	白露河	防洪、灌溉、发电	288	1	2.99	0.55	1.80
4	袁湾水库	潢河	防洪、灌溉、发电	475	1	5.43	1.22	3.10
5	晏河水库	晏家河	防洪、灌溉、发电	217	1	2.80	1.22	0.96
6	下汤水库	沙河干流	防洪、供水、灌溉、发电	820	1	9.23	3.14	3.77
7	双堠水库	沂河支流蒙河	供水、防洪、发电	400	1	1.8	0.65	1.2

2. 淮河中下游水利工程建设

在淮河中下游，要通过开展各项工程措施，扩大水道通过能力，巩固提升排洪能力。以入海水道二期工程建设、入江水道整治、分淮入沂整治、洪泽湖区清淤扩容工程等为重点，巩固和扩大淮河入江入海泄洪能力，降低洪泽湖水位，提升抵御洪水能力。

（1）入海水道二期工程。淮河入海水道现状工程使洪泽湖及下游防洪保护区的防洪标准达到 100 年一遇，入海水道设计行洪流量 2270m³/s，同时使渠北地区 1710km² 的排涝标准达到 5 年一遇。入海水道与二河、京杭运河、通榆河相交叉，并与渠北众多排涝河渠相交汇。现状沿线建有二河、淮安、滨海、海口 4 座枢纽及淮阜控制、15 座公路桥、29 座穿堤建筑物等。入海水道分别在淮安区境内与京杭大运河、在滨海县境内与通榆河立体交叉。

入海水道二期工程的主要任务是进一步扩大淮河下游洪水出路，使洪泽湖设计洪水标准达到 300 年一遇，行洪标准达到 7000m³/s；有效降低洪泽湖 100 年一遇洪水位，控制不超过 15m；减轻淮河中游防洪除涝压力；减少洪泽湖周边滞洪区滞洪机遇；改善渠北地区排涝条件，使排涝标准非行洪期达 10 年一遇，行洪期达 5 年一遇。工程的建设主要内容包括扩挖深槽，加高加固南北堤，扩建二河、淮安、滨海、海口等枢纽，改建淮阜漫水闸，扩建、加固穿堤建筑物，重建、加固跨河桥梁工程及渠北排灌影响处理等。

（2）入江水道整治工程。入江水道整治工程北起洪泽湖三河闸，南至江都三江营，全长 157.2km，设计泄洪能力 1.2 万 m³/s，可将淮河上中游 70% 以上的洪水泄入长江，与入海水道、分淮入沂、苏北灌溉总渠、废黄河等工程联合运用，为洪泽湖地区的防洪安全提供保障；同时承泄京杭运河西部宝应湖、高邮湖地区及里下河地区的涝水，改善区域排涝状况，具有较好的社会、经济综合效益。入江水道整治工程总投资 33.95 亿元，主要工程措施包括观音滩、大墩岭、二墩岭、新民滩、邵伯湖滩群切滩工程，改道段东西偏泓、金湾河、京杭运河施桥送水河拓浚工程，归江河道护岸整治工程等；运河西堤、三河段堤防、高邮湖大堤、湖西大堤、归江河道及京杭运河临城段堤防等除险加固，重要病险涵闸除险加固工程及影响工程。目前，入江水道整治工程已经完成工程建设验收。

（3）分淮入沂整治工程。分淮入沂整治工程是国家确定的 172 项节水供水重大水利工程之一，也是淮河中下游河道治理中的重要项目，是淮河下游防洪体系的一个重要组成部分，是洪泽湖洪水出路之一，是淮河与沂沭泗流域洪水相互调度，是一项能够发挥综合效益的多功能工程。工程自洪泽湖二河闸起，沿线经淮安市清江浦区、淮阴区和宿迁市泗阳、沭阳县，至沭阳西关与新沂河交汇，全长 97.5km，设计泄洪能力 3000m³/s，概算总投资 6.57 亿元，与其他工程联合运用，排泄淮河上中游来水，为淮河流域及洪泽湖大堤的防洪安全提供保障。工程的主要建设任务包括堤防防渗处理、护坡、堤顶防汛道路、建筑物除险加固、滩地治理、桥梁、管理设施等工程项目。工程于 2013 年 3 月开工建设，2016 年 12 月主体工程完工，2017 年 12 月顺利通过竣工验收。

（4）洪泽湖区清淤扩容工程。洪泽湖位于江苏省淮安市洪泽区西部，淮河中下游交接处的大型平原水库，由天然湖泊、洪泽湖大堤、三河闸、二河闸和高良涧闸等组成。它是保护淮河下游 3000 万亩耕地和 2000 万人口的重要防洪屏障，以防洪为主，兼有灌溉、水产、航运、供水和发电等综合效益。1950 年后修建三河闸以供泄洪，并加固大堤。正常蓄水位 13m，汛期限制水位 12.5m，设计洪水水位 16m，校核洪水位 17m。17m 水位时，不破圩库水面积 2414km²、总库容 135 亿 m³；破圩滞洪后的最大库水面积 4350km²，总库容 176 亿 m³。

洪泽湖正常水域面积 1597km²，平均深度 1.9m，容积仅 30.4 亿 m³，淤泥沉积层越来越厚，泄洪能力大大减弱，洪涝灾害发生频次逐年上升。近年来，洪泽湖流域水质污染、洪涝频繁和土地短缺成为制约区域经济可持续、健康、快速发展的瓶颈。实施洪泽湖区清淤扩容工程，对其周边滞洪区、洼地治理，并在淮河入洪泽湖口修建船闸、排灌闸及抽水泵站。在淮河枯水时期，可利用江苏省已建成的江水北调工程（从长江至洪泽湖，由三江营抽引江水，分运东和运西两线，分别利用里运河、三阳河、苏北灌溉总渠和淮河入江水道送水），扩大引水规模，向西延伸，经洪泽湖调蓄后，抽水注入淮河中游，保障淮河中游城市生活、工业用水、农业灌溉补给、内河通航等需要。

治理洪泽湖是治理淮河的关键和重点，也是一项庞大的系统工程，必须彻底解放思想，摆脱就污染论治理污染的旧思路，从彻底防治洪泽湖污染、大幅度提高蓄洪防涝标准、利用洪泽湖支撑区域经济可持续健康发展的大要求出发提出洪泽湖治理方案。

第一，洪泽湖库容小、水深浅、淤泥厚，水体交换周期长，这是造成洪泽湖污染严重、洪涝频生的根本原因之一，因此洪泽湖治理应以湖底清淤泥增加库容为根本突破口。优先考虑溧河洼、淮河入湖口等主要卡口河段的清淤工程，用产生的淤泥按照整体规划填湖造岛，使水体深度由平均 1.9m 增加到 6m 左右，净库容增加 2 倍，库容从 30 亿 m³ 增加到 90 亿 m³；最终建 5 个岛群，总计可增加土地面积约 20 万亩。由于淤泥全部用于建岛，新建岛屿面积不会超过湖泊面积的 5%，岛屿地面约高出湖面 20 ~ 25m，不仅不会破坏洪泽湖周边的生态环境，还将显著改善洪泽湖的生态和蓄水保障功能。

库容增大两倍，加上洪泽湖流域水系和中小水库的库容，完全可以满足洪泽湖流域生活和工农业生产用水的需要，还可支援周边缺水地区的用水需求。库容增加，洪泽湖自身抵御洪涝灾害的能力就大大增强。水深增大、库容增加，洪泽湖水体自身污染物净化能力亦可同步大幅度增强，大大缓解污染治理的压力和成本，再配合洪泽湖周边的整体污水治理（关停并转）方案，将还沿湖居民清澈甘美的湖水。同时，由于库容增加，洪泽湖进一步提高南水北调东线工程调蓄水能力，保障南水北调东线工程供水量。此外，新增岛屿面积可大大缓解洪泽湖流域土地资源紧缺与经济持续发展急需用地的矛盾。

第二，抽淤建岛，粗略计算清淤总量约 100 亿 m³。采用大功率挖泥船及配套泵送、过滤、排水等工程机械进行大规模机械设备群集体作业，完全可以在短时间内实现这一目标。三一重工等国内大型工程机械集团在工程机械领域积累了丰富的设计开发经验，具有强大的技术创新能力，整合资源，借鉴国内外先进治淤经验，完全可在短期内开发、制造出大功率绞吸式挖泥船及配套工程机械。当前，水利疏浚中标单价 7 ~ 10 元 /m³，大型绞吸式挖泥船可吹泥 4000 ~ 6000m³/h，国产大型挖泥船 7000 万元左右，进口价格约 1 亿元。粗略计算清淤约 100 亿 m³，费用 700 亿 ~ 1000 亿元，设备投资约 100 亿元。如果采用 100 套清淤设备群参与施工，预期 3 年内可全部完工。在挖泥船清淤的同时，就可将淤泥利用泵送设备直接运送到岛屿区域，一体化完成湖底清淤和人工建岛工程，减少淤泥储运等中间环节，降低工程成本。

第三，人造岛屿新增的土地资源，经济价值巨大，根据岛屿地理位置和自身环境特点，建设度假村，开发旅游资源，进行房地产开发，或建造高科技产业，打破经济发展过程中土地资源紧缺的瓶颈，实现污染治理与经济发展双赢。

第四，在开发过程中，采用由政府引导与监督，由相关企业组织开发集团，采取企业特许经营的模式；在尽可能少占用政府公共资源的条件下实现洪泽湖的彻底治理。

按照上述构想进行洪泽湖的治理与开发，将彻底改变洪泽湖水质严重污染、洪涝频生的现状，把洪泽湖变成一个风光秀美的千岛之湖，并且创造出难以估量的经济效益与良好的社会效益。工程的实施，可提高洪泽湖蓄水、防洪能力，提高通航能力，满足周边地区对水资源的需求。同时，可改善生态环境，将洪涝频生的洪泽湖打造成一个风景如画、山清水秀的千岛之湖。利用新增岛屿土地面积可开展度假旅游、房地产、会展服务、商务休闲、高科技产业等一体化综合开发，带来直接投资收益数千亿元，间接经济效益与社会效益不可估量，可以从根本上解决洪泽湖污染、洪涝和周边工农业用地瓶颈的难题，实现洪泽湖流域社会经济持续、协调、科学发展，同时为国内河流湖泊的污染防治和综合开发提供一条崭新的思路和一个成功的一体化解决方案。

（三）加快行蓄洪区调整与建设，全面提升应对洪灾能力

淮河流域地势低平，平原面积大，河流众多，历来就是洪水多发地区。新中国成立后，按照"蓄泄兼筹"的治淮方针，在加固堤防、整治河道、修建水库的同时，于湖泊、洼地开辟了行蓄洪区，形成了以水库、行蓄洪区和各类堤防为主体的防洪工程体系。根据《全国蓄滞洪区建设与管理规划》，淮河流域行蓄洪区共28处，占全国行蓄洪区总数的29%，面积超过4000km²，其中干流行蓄洪区20处。但淮河干流行洪区启用标准低，使用频繁，现状多采用扒口行洪，加之区内安全建设滞后，难以及时有效启用，行洪效果差，行洪区行蓄洪水与群众生产生活之间的矛盾较为突出。近年来，为充分发挥行洪区的作用，根据淮河干流河道的实际情况和防洪体系的总体要求，从恢复和扩大河道滩槽基本泄洪断面、降低对行洪区行洪的依赖程度出发，对行洪区的布局、功能和运用标准进行调整。石姚段、洛河洼2处行洪区已调整为防洪保护区，方邱湖、临北段、香浮段行洪区已通过调整和建设工程改为防洪保护区，不再属于行洪区。

根据《淮河流域防洪规划》，结合流域防洪体系建设，需要对淮河干流行蓄洪区进一步调整，实现淮河干流整治的目标。具体包括：将南润段、邱家湖改为蓄洪区；将何家圩、上六坊堤、下六坊堤废弃还给河道；将寿西湖、董峰湖、汤渔湖、荆山湖、花园湖改建为有闸控制的行洪区；将潘村洼改为一般堤防保护区；将鲍集圩作为洪泽湖周边滞洪圩区的一部分；开辟冯铁营引河。淮河干流行蓄洪区规划调整完成后，将保留濛洼、城西湖、城东湖、瓦埠湖、邱家湖、南润段、洪泽湖周边滞洪圩区（含鲍集圩）蓄洪区7处，姜唐湖、寿西湖、董峰湖、汤渔湖、荆山湖、花园湖6处行洪区。持续推进淮河支流洪汝河、奎濉河、沙颍河以及沂沭泗水系行蓄洪区的整治，形成覆盖全流域的行洪区体系。（表4-2）

表 4-2　　　　　　　　　　　　　淮河干流行蓄洪区调整

序号	名称	涉及县（区）	面积 /km²	耕地 /万亩	人口 /万人	调整后	备注
1	濛洼蓄洪区	阜南县、阜蒙农场	180.4	19.75	19.5		不变
2	南润段行洪区	颖上县	11.8	0.92	1.09	改为蓄洪区	
3	邱家湖行洪区	颖上县、霍邱县	26.2	3.25	0.65	改为蓄洪区	
4	姜唐湖行洪区	颖上县、霍邱县	119.2	14.99	2.63		不变
5	城西湖蓄洪区	霍邱县	517.1	37.41	18.78		不变
6	城东湖蓄洪区	霍邱县、裕安区	378.1	25.66	6.69		不变
7	寿西湖行洪区	寿县、寿西湖农场	154.5	17.36	9.42	有闸行洪区	
8	瓦埠湖蓄洪区	寿县、谢家集区、田家庵区、长丰县	776	69.37	19.17		不变
9	董峰湖行洪区	毛集试验区、凤台县、东风湖农场	40.9	4.62	1.84	有闸行洪区	
10	上六坊堤行洪区	潘集区	8.8	1.4		废弃还河	
11	下六坊堤行洪区	谢家集区、八公山区、潘集区、	19.2	1.72	0.19	废弃还河	
12	汤渔湖行洪区	潘集区、怀远县	72.7	8.34	5.27	有闸行洪区	
13	荆山湖行洪区	怀远县、禹会区	68.9	7.35	0.52	有闸行洪区	
14	花园湖行洪区	五河县、凤阳县、明光市、方邱湖农场	203.9	16.69	7.04	有闸行洪区	
15	潘村洼行洪区	明光市、潘村湖农场	168.3	16.95	4.93	一般堤防保护区	已完成
16	石姚段行洪区	淮南市	21.3	2.1		一般堤防保护区	
17	洛河洼行洪区	淮南市	20.2	1.9		一般堤防保护区	
18	方邱湖行洪区	蚌埠市郊、凤阳县	77.2	8.4		防洪保护区	
19	临北段行洪区	五河县	28.4	3		防洪保护区	
20	香浮段行洪区	五河县	43.5	5.8		防洪保护区	
21	鲍集圩行洪区	江苏盱眙县	153.4	15.42		并入洪泽湖周边滞洪区	

（四）推进实施除涝与城市防洪，消除旱涝威胁

加快平原洼地除涝工程建设，统筹考虑防洪、除涝、灌溉的要求，通过建设排涝泵站，对淤积严重、排水能力不足的河沟进行清淤治理，对排水不畅的圩区，合理调整局部圩区布局，以高低水分排、扩大河道断面、提高排水和防洪能力等措施，推进沿淮、淮北平原、淮南支流、里下河、白宝湖、

南四湖、邳苍郯新、沿运、分洪河道沿线和行蓄洪区等重点平原洼地综合治理，提高除涝减灾能力。（表4-3）

表4-3 淮河流域平原洼地治理区基本情况

序号	洼地名称	洼地面积/km²	耕地/万亩
1	沿淮洼地	7158	706
2	淮北平原洼地	34600	3159
3	淮南支流洼地	745	74
4	里下河洼地	23022	1670
5	白马湖宝应湖洼地	1111	80
6	南四湖洼地	6315	609
7	邳苍郯新洼地	6083	437
8	沿运洼地	1513	141
9	分洪河道沿线洼地	19411	1563
10	行蓄洪区洼地	5155	452
总计		105113	8891

淮河生态经济带覆盖区域有信阳、淮南、蚌埠、阜阳、扬州、徐州等6座全国重要防洪城市，漯河、周口、亳州、宿州、六安、淮北、寿县、连云港、淮安、宿迁、临沂、济宁、枣庄、菏泽等14座流域重要防洪城市。目前，这些城市普遍存在防洪体系不完整、险工险段多、建筑物老化失修、排水河道淤积严重、排涝系统不健全、防洪除涝标准低等问题。要按照防洪标准的要求，根据各城市的特点和河流水系分布情况，对各城市不同片区通过加高加固城区段河道堤防、新建防浪墙、新建城市圈堤等措施形成防洪屏障；通过疏浚排涝河道、新建排涝泵站等措施提高排涝标准，有效防范城市洪涝灾害，提升城市可持续发展能力。

二、推进水资源配置和开发利用，完善水资源保障体系

淮河生态经济带水资源赋存条件和生态环境状况与其他地区相比并不优越。流域人口众多，经济社会发展迅速，水资源分布与经济社会发展布局不相匹配。特别是部分地区在追求经济增长过程中，对水资源和环境的保护力度不够，水污染问题突出；部分水体功能下降威胁供水安全，水资源基础设施建

设滞后，供水能力已经严重不足；部分地区供水和水源结构不合理，开发过度与开发不足的情况同时存在，用水效率和效益总体较低，用水方式粗放、用水浪费等问题突出；农业用水比例偏大，用水结构不合理；湖泊容积减少萎缩，地下水超采，致使局部地区出现地面沉降和大面积漏斗；再加上淮河流域本身地处我国南北气候过渡带，降雨时空分布不均，年际变化剧烈，水资源短缺将是淮河流域长期面临的形势。有鉴于此，推进淮河水资源优化配置和合理开发利用，无论对于改善区域生态环境还是提升区域经济社会可持续发展能力都具有重要的现实意义。

（一）完善流域内水资源配置工程体系

淮河流域水资源总量少，多年平均水资源总量 854 亿 m^3，其中地表水资源量为 621 亿 m^3，占水资源总量的 73%，地下水资源量为 374 亿 m^3，占水资源总量的 27%，人均水资源量不足 500m^3，70% 左右的径流集中在汛期 6—9 月，最大年径流量是最小年径流量的 6 倍，水资源的时空分布不均和变化剧烈，水资源短缺的形势越发突出。近年来，虽然淮河流域在蓄水、调水、引水等方面做了大量工作，南水北调东线和中线工程、淮水北调工程等相继建成调水，但水资源配置工程体系尚不完善，水资源配置能力不足状况尚未完全改变。要加快建设区域性重点调水、水库等水资源调配工程，完善流域内水资源配置工程体系，提高蓄水及其调配能力，主要水资源配置工程有：

1. 南水北调东线工程

南水北调东线工程调水源头为江苏省扬州市三江营，利用京杭运河以及其他平行河道输水，逐级建立泵站提水，连通洪泽湖、骆马湖、南四湖、东平湖，并作为调蓄水库，经泵站逐级提水进入东平湖后，分水两路，一路向北穿黄河后自流到天津，另一路向东经新辟的胶东地区输水干线接引黄济青渠道，向胶东地区供水。淮河流域的受水区范围包括苏北的大部地区、安徽省淮北部分地区和淮河下游区的部分地区、山东省的南四湖地区。东线工程在 2030 年以前分 3 期实施。第一期工程抽江规模 500m^3/s，淮河流域多年平均增供江水 39 亿 m^3；第二期工程抽江规模扩大到 600m^3/s，淮河流域多年平均增供江水 56 亿 m^3；第三期工程抽江规模扩大到 800m^3/s，2030 年淮河流域多年平均增供江水 93 亿 m^3。

2. 南水北调中线工程

南水北调中线工程的调水源头为长江支流汉江上的丹江口水库，输水总干渠经南阳盆地北部，于方城垭口进入淮河流域。淮河流域内的受水区为河南省，主要为黄河以南平原区，包括平顶山、漯河、周口、许昌和郑州 5 个市的部分地区。南水北调中线工程规划分两期实施，其中一期工程 2020 年调入淮河流域河南省的水量多年平均为 13 亿 m³，二期工程 2030 年调入水量多年平均为 22 亿 m³。调入水量主要是为城镇供水提供水源，替代超采的地下水和被挤占的农业、生态用水。

3. 引江济淮工程

引江济淮工程曾称江淮运河，又称江淮沟通，因运河一词不能确切反映其全面、巨大的综合作用，故在 20 世纪 80 年代后期改称为引江济淮沿用至今。引江济淮工程是一项以工业和城市供水为主，兼有农业灌溉补水、水生态环境改善和发展江淮航运等综合效益的大型跨流域调水工程，按其所在位置和主要功能，自南向北可划分为引江济巢、江淮沟通、淮水北调 3 段，其中引江济巢为引江济淮水源和兼顾巢湖水环境改善工程，江淮沟通为引江济淮输水和兼顾江淮航运工程，淮水北调为引江济淮延伸配水工程。

引江济淮工程于 2016 年 12 月开工，2022 年 12 月 30 日顺利实现试通水试通航的目标，引江济淮二期工程也于同日开工。调水方向是从长江引江水入巢湖（引江取水位置两处，一处为凤凰颈闸站，一处为枞阳闸），然后沿巢湖西岸的派河上溯后抽水上岗，穿越江淮分水岭入东淝河，经瓦埠湖调蓄后注入淮河干流，再经蚌埠闸调蓄后利用茨淮新河、怀洪新河等继续向北送水。长江至淮河输水线路长度约 350km，其中利用现有湖泊、河道或适当拓宽疏浚长度约占 2/3，新开挖河道长度约 1/3，需占用一定农田和搬迁相当数量的城镇乡村居民。经联合调节计算，近期 2020 年和远期 2030 年为满足巢湖水环境改善和满足淮河流域城市生活、工业用水、农业灌溉补给的引江入巢湖的规模分别是 300m³/s、400m³/s，出巢湖的引江济淮规模分别为 270m³/s、340m³/s，入瓦埠湖引江规模分别为 225m³/s、270m³/s，瓦埠湖出口以北的供水地区输水规模分别为 185m³/s 和 225m³/s。据初步匡算，石方开挖 9391 万 m³，土方填筑 1204 万 m³，砼护坡 72 万 m³，浆砌石护坡 80 万 m³，草皮护坡 183

万 m³，永久征地 1.91 万亩，工程静态总投资约 341 亿元。

与此同时，要充分利用临淮岗洪水控制工程等水利工程、湖泊洼地，增加平原区水资源调蓄能力。疏浚河道，加固加高河堤，建设河川型水库，提高河道蓄水能力。通过研究淮河流域采煤塌陷区综合治理，增加雨洪资源利用。合理安排地表水、地下水及其他水源开发利用工程。通过新建、改造水源地等措施，提高城乡供水保障能力。

（二）提高水资源利用效率

推进大中型灌区节水改造，推广实施管灌、喷灌、微灌等先进灌溉技术，推广水稻控制灌溉制度，合理调整农作物布局等。淘汰落后的高耗水设备，改造用水工艺和输水管网，推广工业节水工艺，提高用水效率，提高工业冷却水重复利用率。新建工业项目要符合国家相关产业政策，推广使用节水工艺。调整工业布局和结构，加快技术进步，加强企业用水管理。加快城镇供水管网技术改造，降低城镇供水管网漏损率。普及应用节水技术和产品，全面推行节水型器具，提高水资源利用率。

（三）实行最严格的水资源管理制度

要加强水资源管理，实行最严格的水资源管理制度。首先，要确立"三条红线"。一是确立水资源利用总量控制红线；二是确立用水效率控制红线；三是确立水功能区限制纳污红线。其次，实施四项制度。一是用水总量控制。加强水资源开发利用控制红线管理，严格实行用水总量控制。二是用水效率控制制度。加强用水效率控制红线管理，全面推进节水型社会建设。三是水功能区限制纳污制度。加强水功能区限制纳污红线管理，严格控制入河湖排污总量，以淮河干流、南水北调东线输水干线及城镇集中式饮用水水源地为重点，构建"两线多点"的地表水资源保护格局。四是水资源管理责任和考核制度。将水资源开发利用、节约和保护的主要指标纳入地方经济社会发展综合评价体系，全面推行河长制、湖长制，县级以上人民政府主要负责人对本行政区域水资源管理和保护工作负总责。

三、畅通高效淮河水道，健全综合立体交通运输体系

由于历史黄河夺淮入海等原因，淮河下游淤塞，失去入海水道，中上游

洪水时常泛滥，导致淮河通航条件较差，同时淮河流域经济发展不够，内河航运需求较弱，淮河航运功能一直未得到重视和开发。随着近年来国家经济实力的增强，对淮河流域投入和治理的力度逐步加大，淮河通航条件逐步改善，与此同时，淮河流域各地强烈的发展愿望，使得内河航运的优势逐步显现。另一方面，淮河生态经济带较好的区位条件，公路、铁路等已经得到一定发展，成为国家交通网络的重要组成部分。淮河生态经济带要以此为基础，坚持网络化布局、智能化管理、一体化服务、绿色化发展的思路，充分发挥淮河水道作用，构建高效的铁路网络、发达的航空网络、便捷的公路网络和功能完善的综合交通枢纽，推动现代化交通建设。

（一）大力推动淮河航运发展

适应国家战略和流域经济可持续发展的要求，实施航道畅通工程，提升改造淮河航运能力，打造淮河黄金水道，使淮河水运优势得到进一步发挥，形成通江达海、干支联网、港航配套、畅通高效、安全绿色、公铁水联运的大交通格局。

加快完成淮河干支线、京杭运河、淮河入海水道二期航道等高等级航道和区域性重要航道建设，建立以蚌埠、徐州、济宁等主要内河港口枢纽为核心，以淮安、宿迁、枣庄、菏泽、阜阳、淮南、亳州、周口、漯河、固始、淮滨等内河港口二类口岸为依托的内河航运港口体系。通过淮河干支线航道疏浚、淮河入海水道万吨级航道整治工程，提升淮河航道等级。主要目标是将滨海至蚌埠段建成一级航道，可通行万吨级船队；将蚌埠段至正阳关由现状三级航道升级为二级航道，可通行 2000 吨级船只；将正阳关至息县段升级为三级航道，可通行 1000 吨级船只。配套改扩建临淮港水利枢纽以及蚌埠、洪泽湖高良涧、运东、滨海等船闸，使之与干流航道相匹配。改造、升级支线航道等级，推进浉河、白露河、潢河、史灌河、沙颍河、涡河、沱浍河、茨淮新河、洪汝河、汾泉河、惠济河、贾鲁河等航道建设，提升支流通航能力，建设四级航道，可通行 500 吨级船只，形成与淮干支联网、通江达海的水运网络格局。推进淮安、蚌埠、淮南、淮滨、周口等内河港建设，优化沿线港口布局，以淮干为主线、各港口为支点，形成点线结合的港口布局。加快推进滨海 30 万吨级港口建设，建设集装箱、煤炭和油气等专业化码头，打造淮河出海门户，实施滨海港区、射阳港区、大丰港区疏港航道及西延工程，优先推进滨海港南北方向 18km 的内河疏港航道工程，实现淮河入海水道与出海港口的无缝对接，形成一主多元的出海格局。

（二）全力构建综合立体交通运输体系

规划建设东西铁路通道——沿淮铁路，东起盐城大丰港，向西依次经过蚌埠、阜阳、驻马店、南阳、十堰、安康、汉中，在阳平关向西延伸接轨兰渝铁路后直达兰州，形成新的陇海铁路。以徐州、济宁、淮安、蚌埠、阜阳为重点，加快港口、铁路、干线公路、机场互相之间快速通道建设，切实建立起综合交通运输体系。进一步强化徐州、信阳、阜阳、蚌埠、淮安铁路运输枢纽地位，推进合肥—新沂、徐州—连云港高速铁路，连云港—盐城、盐城—南通、徐宿淮盐、三门峡—亳州—洋口港等铁路建设，完善铁路网结构，增加铁路网密度和覆盖面，加快融入全国高速铁路网络。尽快启动信阳—固始—六安城际铁路、商丘—周口—南阳铁路、开封—潢川铁路客运专线、连淮扬镇铁路、徐宿淮盐铁路、新长铁路复线电气化改造、宁淮城际铁路、淮蚌城际铁路、盐泰锡宜城际铁路等项目建设，提升经济带区域中心城市辐射与带动能力。

依托京沪、京台、大广、京港澳、连霍等国家高速骨干网络，建设淮海生态经济带内部联通的区域高速线路，建立国家与地方高速公路协同互联的高速公路网络体系。

优化运输机场布局，在机场密度较低且需求潜力较大的地区，规划新建一批支线机场。加快通用机场建设，大力发展通用航空业，形成沿淮通用航空作业走廊。协调沿淮各运输机场分工定位，强化各机场业务合作，实现协同发展，促进空域资源有效利用。加快建设航空货运枢纽，发展航空枢纽经济。加强机场与高速、城市快速通道、高铁站、公路客运站等的连接；大力引进航空物流龙头企业、全货机航空企业，促进货物集散、包装加工、分拨配送业务发展；逐步形成"企业带动机场、机场带动物流、物流带动产业、产业带动城市"的协同发展思路。建立以徐州观音机场、连云港花果山机场、淮安涟水机场、信阳明港机场、商丘军民联用机场、周口通用机场、固始民用机场、蚌埠（鲍集）民航机场、临沂机场、济宁曲阜机场等为支点的航空运输布局。

（三）全力建设区域物流枢纽

依托区位优势、产业基础和综合运输枢纽建设，健全水、铁、公、空、管五位一体无缝衔接的集疏运体系，以徐州、淮安、盐城、蚌埠、阜阳、信阳等为重点，打造区域核心物流枢纽，打造济宁、临沂、商丘、淮南、阜阳、滁州、淮北、驻马店、连云港、淮安、盐城等区域物流集散中心，形成覆盖全域的物流枢纽系统。充分利用徐州的综合交通枢纽地位，大力开展公、铁、水航一体化运输项目，实现多种物流方式的无缝对接。发挥连云港新亚欧大陆桥东方桥头堡作用，主动融入"一带一路"，建设淮河流域集海运、陆运、航空运输等于一体的重要出海通道。发挥信阳区位和综合交通优势，加快信阳海关、口岸、保税区、商贸物流中心建设，打造全国性综合交通枢纽和物流枢纽。建设淮滨港公铁水一体化项目，实现京九铁路、沪陕高速、大广高速等与淮河干流的联运，开辟北煤南运水上通道。加快推进漯河、周口、新蔡、永城物流港建设，建成服务豫南、面向中原的区域性物流枢纽，促进干支联运，形成对淮河黄金水道强有力的支撑。发挥蚌埠区位和交通优势，积极整合物流资源，结合方邱湖行蓄洪区调整改造，以长淮卫临港产业园建设为基础，依托淮河水系唯一国家级内河港口——蚌埠港，加快建设蚌埠（皖北）保税物流中心、皖北徽商物流港，规划建设蚌埠综合保税区，建成服务皖北、面向淮河中上游地区的区域性综合物流枢纽。发挥淮安淮河、京杭运河、盐河等内河交汇及区域性公路、铁路枢纽优势，依托综合保税区、一类水陆口岸、商贸物流中心及环洪泽湖新兴产业带等载体，建成服务苏北、面向长三角的重要物流枢纽。利用盐城滨海港区 –15m 等深线距岸仅 3.95km 的优点，发挥港区区位、土地资源、集疏运等优势，建设 30 万吨级、年集装箱吞吐量达 1 亿 t 的深水大港，推进保税物流港区和一类口岸建设，打造面向河海联运中转平台、淮河出海门户和国际物流枢纽保税港。

四、夯实农业基础地位，积极推进农业现代化

农业是国民经济发展的基础，在其他产业发展中具有不可替代的作用。保证农业基础性地位，特别是牢牢把住粮食安全主动权已经成为当前全党全

国治国理政的头等大事，关系国家安全。保证粮食安全，农业现代化是必经之路。《淮河生态经济带发展规划》指出，淮河流域平原面积广阔，生态系统较为稳定，是我国重要的商品粮基地和棉花、油料、水果、蔬菜等重要产区，湖泊众多，水系发达，水产养殖业和畜牧业潜力巨大。《淮河生态经济带发展规划》对淮河生态经济带的战略定位之一便是建设特色产业创新发展带，巩固提升全国重要粮食生产基地的地位。从国家的要求来看，淮河生态经济带推进农业现代化要放在保障国家粮食安全的高度去谋划和实施，走具有淮河流域特点的农业现代化道路。

（一）大力推动粮食生产核心区建设

持续推进农业综合开发、土地整理和复垦开发，以粮食生产功能区和重要农产品生产保护区为重点加快推进高标准农田建设。支持产粮大县开展高标准农田建设新增耕地指标跨省域调剂使用，调剂收益按规定用于建设高标准农田。制定高标准粮田管理办法，对已建成的高标准粮田加强道路、水电、林网、气象观测等公共基础设施维护和管理，确保长久发挥效益。持续加强重大水利工程和配套设施建设，推进大中型灌区续建配套与节水改造，提高流域防汛抗旱能力。推进农田水利设施产权制度改革，创新运行管护机制，通过进一步落实管护主体、责任和经费，提升小型水利工程运营能力。鼓励各地采用以奖代补、先建后补等方式，推进农田水利基本建设投入多元化。重点实施水稻、小麦、玉米、大豆良种攻关，大力推动育种创新，实现高产、优质、多抗。加快推进大田作物全程机械化生产，完善农业机械设备与农作物品种、种植技术等方面的适配，提升机械化工作精准度和效率。鼓励和引导粮食生产核心区形成多种形式的土地承包经营权流转，发展适度规模化经营，提升粮食综合生产能力。

（二）大力发展现代化高效生态农业

淮河生态经济带要充分发掘和利用自身优势资源，大力发展生态农业，带动经济带整体农业发展提档升级。坚持生态与经济协调发展原则，以高产、优质、高效、生态、安全为发展目标，结合自身实际，制定切实可行的生态农业发展规划。明确生态循环农业适宜发展区域范围，确定生态循环农业发展的重点产业，制定生态循环农业发展步骤，明晰生态循环农业发展规模，在顶层做好生态循环农业发展的设计，为长远发展打下坚实基础。以植保、土肥、良种、加工等环节为重点，强化对关键技术的科技攻关力度，建立能够与国内外先进标准相适应并且能够凸显本地特色的绿色农业标准化体系。严格落实"从田间到地头到餐桌"的全过程质量控制监管标准，对农产品的产地环境、生产过程、投入品使用、质量检测等各环节强化监管，保证质量可靠。扩大优质水稻、小麦等粮食作物的种植面积，适当压缩籽粒玉米、地产大豆等品种的种植面积，以小麦、玉米、花生、蔬菜、瓜果、肉蛋奶、水产、花卉苗木等为重点发展的主导产业，优化调整种植结构，依托双汇、南街村、科迪、华英等农业产业化龙头企业，深化"公司＋基地＋农户"生产经营模式，建设一批绿色生态农业生产基地，实现区域生态农业高标准、高起点、规模化发展。大力推进农产品"三品一标"（无公害农产品、绿色食品、有机农产品和农产品地理标志）认证，按照农产品品牌数量扩张与质量提升同步的原则，推进区域公共品牌和产品品牌建设，提升淮河流域农产品品牌知名度，有效提升市场竞争能力。

（三）构建现代农业市场体系

依托地理和交通优势，大力发展农产品批发业务，建立与农产品生产相适应的市场流通网络。支持徐州、淮安、济宁、菏泽、阜阳、蚌埠、信阳、周口等地建设区域内优势产品批发市场，创建和培育一批在全国或者区域内具有一定影响力的重点特色农产品批发市场，带动区域内农产品集散中心、信息交流中心和仓储物流配送中心等配套建设，形成辐射全国、连接城乡的农产品物流架构。鼓励第三方物流发展，支持冷链物流等专业化的农产品物流骨干企业发展壮大，提升冷链运输农产品的能力。积极推广"农超对接""农社对接"等形式，推动订单农业发展。利用电子商务平台，推动农业标准化生产，实现农产品快速物流配送。运用连云港、盐城等地优良的港口设施条件，大力发展农产品出口，提升农产品附加值。完善农产品储备调控制度，认真执行国家小麦、稻谷等粮食作物最低收购价政策，鼓励符合条件的国有粮食企业和多元市场主体参与政策性粮食收储。落实粮棉油等重要农产品储备制度，积极发展多元化市场购销主体，引导国有企业做好市场化购销，保持主要农产品价格稳定，防止价格大起大落。规范农资和农产品市场收费行为，坚决取缔不合理收费，打击各类违规收费问题，全面清理妨碍公平竞争、设置行政壁垒、排斥外地农产品和服务进入本地市场的行为，加强农资和农产品准入管理、标识管理和溯源管理，为农产品市场创造更加公平高效的发展环境。

（四）提升农产品质量安全水平

严格落实农药、兽药、饲料添加剂等农业投入品管理制度，落实农药经营许可和限用农药定点经营制度，落实家庭农场、农民合作社、农业产业化龙头企业农产品生产档案记录和休药制度，提升产品源头质量控制能力。建立和完善农产品质量安全追溯制度，对农产品生产、加工、储运、零售等各环节开展标识工作。探索建立农药、兽药、饲料添加剂等投入品电子追溯码管理制度，推广健康养殖和高效低毒兽药，严格饲料质量安全管理。完善覆盖市、县、乡和农产品生产主体的完备质量监测网络，实现具有体系化的质量安全监测能力。健全批发市场、农贸市场和超市卖场等自检机构建设，不断提升质量监测过程控制能力。对于不合格农产品，采用无害化方式妥善处理，严格禁止问题农产品流入市场。建立健全农产品质量安全风险评估、监测预警和应急处置机制，制定风险防控计划和应急处置预案，规范指导农产品质量安全事故应急处理。组建农产品质量安全风险评估和事故应急处置专家团队，依靠科学划定安全事故等级、完善分级响应、应急保障和后期处置等措施，最大限度减少农产品质量安全事故损害范围。

五、加快培育特色优势产业，构建新型工业化体系

近年来，淮河流域工业发展迅速，形成了较为完备的产业体系，装备制造、有色金属、食品加工等产业集群优势明显，高技术产业和战略性新兴产业发展迅速。淮河流域毗邻长江三角洲等经济发达地区，在承接产业转移方面也具有较好的基础条件。但应该看到，淮河生态经济带工业化发展方面仍然存在结构不优、高新技术产业规模较小、工业信息化水平较低、工业污染仍然较为严重等问题。淮河生态经济带工业化发展，必须着眼于区域经济社会持续健康发展，依托淮河生态经济带工业化布局现状，立足各地产业基础和比较优势，培育发展新动能，引导产业集中布局，深化产业分工合作，提高协

同创新能力，因地制宜发展壮大特色优势产业，加快构建现代化的工业产业体系。

（一）推动优势主导产业发展壮大

不断发挥重大技术突破的引领作用，发挥市场需求的重要导向作用，壮大电子信息、特钢、煤盐碱化工、工程机械、汽车、节能环保等支柱产业发展规模，推动产业结构优化升级，增强产业持续发展能力。以实施重大专项为抓手，集中力量重点发展计算机配套件产品、新型显示、电子元器件、集成电路、应用电子、汽车零配件、太阳能电池、风力发电机组等细分行业，着力推进自主创新，建设信阳、漯河、周口、淮南、蚌埠、滁州、淮安、盐城等电子信息产业基地。依托霍邱、寿县丰富铁矿资源，强化资源综合利用，深化资源加工层次，培育冶金产业集群，建设优质铁矿资源产业基地。依托淮钢特钢和北钢院、淮安特钢产业研究院，延伸特钢棒材产业链，加快无缝钢管、大型锻件产业的发展，打造淮安优质特钢、信钢、舞钢产业基地。遵循循环经济发展思路，大力促进煤化工、盐化工、碱化工的融合发展以及上下游产业的一体化进程，积极发展高端石化产品，在淮安、桐柏、淮滨打造我国首个非石油路线化工产业集群，在徐州、淮北、淮南、枣庄、永城等地打造现代煤化工产业集群。在商丘建设节能环保设备制造基地，推进商丘中石油炼化项目建设，打造炼化基地。依托盐城、滁州、徐州、济宁等地汽车装备产业基础，建立集汽车装备整车组装、零配件生产于一体的汽车装备产业集群。以提高产业核心竞争力和支撑环境质量改善为目标，依托徐州、淮安、盐城、济宁、蚌埠、周口、平顶山等装备制造产业基地，围绕余热余压利用、高效节能变压器、工业锅炉、电机系统、智能电网等重点领域，培育壮大节能装配制造龙头企业。

（二）积极培育战略性新兴产业

培育一批战略性新兴产业示范基地，形成一批具有自主知识产权的国家标准和国际标准，推动新能源、新材料、高端装备、节能环保、电子信息、航空装备、生物医药、海洋产业等先导产业发展。以提高新能源产业竞争力为目标，集中优势资源，实施一批科技重大项目，重点发展太阳能、风能、生物质能和天然气利用等关联产业，提高技术装备水平，推动淮南市太阳能

（光伏）产业基地建设，提升徐州太阳能光伏产业国际竞争力和影响力，整合济宁太阳能光伏发电、光热利用、电动汽车、LED 等新能源应用产业，建设盱眙、信阳、临颍、蚌埠、滁州国家绿色能源示范区，支持连云港、盐城、淮安、信阳区域性成品油、天然气、煤炭中转储配基地建设，培育信阳、盐城、淮安、蚌埠新能源产业集群，建设淮南（中国）煤炭现期货交易中心。开拓发展新型功能材料、先进结构材料、共性基础材料，重点发展淮安、霍邱金属新材料产业集群，信阳、蚌埠、阜阳新型建材产业集群，周口、平顶山、淮安、淮南、桐柏化工新材料产业集群，盱眙、明光凹土新材料产业集群，蚌埠及凤阳硅基新材料产业集群，打造新材料产业基地。以加快推动制造业高端化、信息化为主要发展方向，重点发展大型工程机械、石油机械、交通装备、专用装备等产业，提高大型成套装备生产能力，推进重大应用示范工程，带动装备制造业发展升级。以生物药物及生物诊断、新型化学药物、现代中药及生物技术为主要发展方向，在连云港、淮南、商丘、信阳、蚌埠、淮安等地建设国内重要的医药产业集聚区。发挥连云港、盐城、宿迁等地的沿海优势，建设风电产业基地，风电产业作为战略性新兴产业形成区域集聚发展，加快"风电水""风光气""风电车"综合开发利用步伐，积极探索建设 2000 万～4000 万 kW 大规模海上风电和沿淮低风速风电非并网直接制氢氧产业，为淮河流域发展中国特色非石油路线的烯烃产业集群、打造国家重要新型绿色煤盐碱化工产业基地发挥重要作用。

（三）大力推动传统优势产业升级改造

以实施大集团战略和名牌战略为核心，以集聚发展优化产业布局，以技术创新改造提升食品加工、纺织、造船、建材等传统特色产业。紧密联系上下游产业链，夯实做大农副食品加工业，大力扶持一批农业产业化龙头企业做大做强，把信阳、漯河、周口、驻马店、商丘、六安、蚌埠、菏泽、临沂、徐州、淮安、盐城打造成全国重要的生态食品加工基地，打造亳州中药生产和批发基地，建设一批肉类果蔬深加工基地、食品和农副产品加工基地等。依托商丘、周口、驻马店、信阳、南阳、阜阳、蚌埠、淮安等现有纺织基础，积极承接沿海纺织产业整体转移，完善产业链条，加快产业集聚步伐，培育自主品牌，形成若干龙头企业及一批主业突出的特色产业集群。依托扬州、泰州等地造船业基础，进一步优化流域内造船产业布局，提高自主创新能力，加快推进产品升级，实现造船业从传统制造业向现代工业的跨越式发展，支持淮滨、霍邱、蚌埠、响水内河造船产业基地建设。依托龙头骨干企业，加快对玻璃制品、水泥、新型建材等产业的技术改造提升，延长产业链条，提升产业规模，增加产出附加值。

（四）加快建设经济带特色产业基地

以区域煤、盐、碱、铁矿、石英石、珍珠岩、膨润土、新能源等特色资源为基础，以特色产业或产品为轴心，以产业链的核心企业为主导，建设特色产业基地，形成具有较高关联度、经济上竞合发展、行政上有序相谐、文化上兼容相通、产业集群效应突出的产业聚集区域。鼓励和支持优质资本、优势企业开展并购和重组，打造一批竞争力强的优势企业和知名品牌。重点建设桐柏碱化工，民权制冷产业基地，虞城量具生产基地，淮安、定远、舞阳、叶县盐（煤）化工，淮南煤化工，滨海石油化工，蚌埠生物化工，霍邱钢铁，蚌埠及滁州电子信息，信阳新型建材，蚌埠及凤阳硅材料和盱眙凹土新材料等若干个万亿元级、千亿元级特色产业基地。充分利用沿淮地区丰富的柳条资源，建设固始、霍邱沿淮柳编产业出口创汇基地。加快推进信阳现代家居产业小镇、叶集中部家居产业集群建设，打造中国中部现代家具产业基地。

（五）大力推进经济带工业绿色转型

落实绿色发展理念，加快推进工业转型升级，将强化工业节能、加快清洁生产、加强资源综合利用、发展节能环保产业、构建绿色制造体系作为工业绿色转型的重点，建设更能实现可持续发展的现代工业体系。加快重点领域节能技术改造。运用先进适用节能低碳技术、工艺和装备，对传统产业进行升级改造，提升能源利用效率，推进能源高效低碳化利用，加快推动产业向中高端迈进。通过流程工业节能改造、原料技术路线优化和流程再造等手段，在重点行业推进节能减排、绿色改造。大力推广应用高效节能产品和装备，推动化工冶炼等重点用能企业更新改造高耗能设备，在终端提升设备能效水平。在钢铁冶金行业，鼓励企业通过超临界混合工质高参数一体化循环发电，推广余热余压能量回收同轴机组应用，推进烟气系统余热深度回收利用技术的运用改造。在采矿业中，要通过推广循环水及矿井水余热利用、矿热炉高温烟气净化回收利用、螺杆膨胀动力驱动、空压机余热回收等技术，实现余能回收再用。通过科研开发攻关，探索生产过程中释放出的副产热能、压差能及回收可燃气体的创新运用。加强对蒸汽余热梯度利用、非稳态余热回收等余能回收利用技术的研发应用力度，推广普及运用中低品位余热余压发电、制冷、供热，实现能源循环利用。在大型钢铁、化工、建材、有色、轻工等高耗能企业中，积极建设能源管理中心，采用信息化技术和集中管理模式，对企业在生产、输配等过程中的能源消耗实现扁平化、集中化的动态监控和实时管理。

大力推进工业清洁生产。积极开展大气、水污染防治行动，对流域内的造纸、氮肥生产、煤焦化、纺织印染、有色金属冶炼、农副食品生产、皮革加工、农药、原料药制造、电镀等重点水污染企业开展全面摸排，开展清洁生产水平提升工程。对流域内的钢铁冶炼、石油化工、建材生产、有色金属冶炼等重点大气污染行业企业，开展一企一策，推动生产过程清洁化，降低工业废水、废气排放总量及化学需氧量、氨氮、氮氧化物、二氧化硫、烟粉尘排放量。对于涂料生产、木制家具生产、人造板制造、印刷业、汽车生产涂装、橡胶制品、电子产品生产、皮鞋生产等重点行业企业，鼓励采用替代或减量化的新技术，减少挥发性有机污染物产生，从而降低末端治理成本，减少无组织排放。在干电池、荧光灯、电石法聚氯乙烯、体温计和血压计生产等重点行业鼓励企业采用低汞或无汞化技术，大力推广铅资源高效利用和生产过程污染控制技术，从而减少铅酸蓄电池、铅冶炼再生铅等行业企业的污染物排放。积极运用市场化方式运作，引导和鼓励企业对清洁生产技术和产品的投资开发力度，实现产学研深度融合，提升清洁生产技术水平。

大力推进资源综合利用。依托徐州、济宁、枣庄、淮南、淮北、平顶山等煤炭基地资源优势，鼓励先进生产工艺推广，加强对煤层气、煤泥、煤矸石等资源的综合利用。以废钢铁、废塑料、废旧轮胎、废有色金属、废弃电子产品等废旧品为重点，培育和引进具有较强市场竞争力和技术水平的骨干企业，整合资源，推进实施资源再生利用。以淮安、盐城、枣庄、蚌埠、淮北、商丘等环保产业为依托，围绕城镇污水污泥处理处置、生活垃圾无害化处理、"三废"污染防治技术和装备以及新型绿色环保材料和产品生产等领域，引进和培育具有一定技术水平和实力的骨干企业，推动与科研单位的产学研科技攻关，形成具有自主核心技术的环保技术与装备产业。

（六）推进经济带工业信息化智能化

紧跟新技术革命的步伐，充分利用信息技术，推动信息化与工业化高度融合，增强经济增长的带动作用。重点围绕电子信息产品及元器件、工程机械、机床、纺织机械等，加大科技攻关力度，提升智能技术水平，实现产品数字化、智能化。以石化智能成套设备、有色冶金智能成套设备、自动化物流成套设备、智能化加工和成形成套设备、智能化纺织设备、智能化食品生产线、建材成套设备、智能化印刷装备等重点产业基础设备为重点，提升成套设备的智能化水平。大力开发医疗健康、新能源汽车及车载应用、消费电子等产业领域新产品，建设集理念创意、产品设计、工程制造、产品应用和售后服务为一体的具有全产业链条的智能产品生态。

积极推进智能制造。支持企业积极运用智能控制系统、工业应用软件、能源管控软件、故障诊断软件、传感和通信系统协议等软件系统和通信技术对现有装备进行适应性改造。培育和推广智能制造新模式，加快智能工厂示范工程建设，推动新一代信息技术在企业技术研发、产品设计、生产制造、日常管理、运营服务等方面的深度融合应用。加强对工业大数据的数据和开发利用，构建符合智能制造标准的产业生态。

推动建立网络化的制造服务。合理规划和布局区域工业信息基础设施建设，完善以工业宽带、工业云、工业智能终端为主要内容的工业信息基础设施，建设形成低时延、高可靠、广覆盖的工业互联网，推进宽带网络进企业、入车间、联设备，为工业互联提供硬件基础。积极支持企业"上云"，建设工业大数据中心，以云服务和大数据服务提升企业生产管理水平，降低成本。支持电子商务、数字内容、应用服务等业务资源整合，推动智慧家电、智慧穿戴等智能产品的开发和应用，形成在线化、个性化、便捷化的网络服务新业态。以石油化工、有色金属冶炼等行业为重点，探索建立供应链金融服务平台，强化基于大数据的供应链信息共享和协作，创新金融产品和服务，提升风险管理能力和水平。

六、有序推进城镇化，统筹城乡一体化发展

近年来，随着经济社会发展，淮河流域城镇化发展较快，但与发达地区相比，仍然存在城镇化水平偏低、城镇基础设施建设短板突出、城镇承载能力不足、城乡差距过大等问题，给进一步推进城镇化带来了障碍。淮河生态经济带城镇化建设要按照《淮河生态经济带发展规划》关于建设新型城镇化示范带的目标要求，有序推进区域城镇化，实现大中小城协调发展，完善城镇基础设施，增强公共服务供给能力，加快推进美丽乡村建设，实现城乡基本公共服务一体化发展。

（一）探索流域特色城镇化发展模式

落实生态文明理念，切实转变城镇发展方式，在农业地区探索实现资源节约、环境友好、低碳生态的新型城镇化模式。坚持核心带动、组团发展、互动协作、城乡一体，通过战略规划引导、地方政府协调、中央政策引领、现代产业体系构建，形成以淮安、盐城、蚌埠、信阳为核心的淮河干流城市带，建设成为我国东中部地区新兴的城市带。强化淮安、盐城作为区域城市辐射带动作用，建设东部海江河湖城市群；提升徐州区域中心城市的辐射带动能力，建设北部淮海城市群；以信阳、阜阳为区域中心城市，建设中西部内陆城市群。积极培育并形成城镇网络，重点发展流域中心城市和区域节点城市。根据区域城镇发展现状采用非均衡发展战略，有选择地培养、提升区域节点城市。壮大节点城市规模和综合实力，完善城市功能，因地制宜发展特色优势产业，提升基础设施和公共服务供给能力，吸引农业转移人口加快集聚，加强与区域中心城市的经济联系与互动，发挥对淮河生态经济带发展的多点支撑作用，增强对周边地区发展的辐射带动能力。

（二）增强经济带城镇综合承载能力

以改革创新为动力，破解制约城镇化科学发展的体制机制障碍，创新城镇管理，彰显城市文化，提升城镇功能，增强淮河流域城镇承载能力。大力复兴淮河流域城市文化，推动现代人居环境的整体创造和城镇化质量的同步提升，保护城市的多元文化和城市文化的多样性。以统筹城市基础设施和各种公用设施的建设、运营和管理以及棚户区和城中村的改造为突破点，完善

交通、水电、通信、住宅、教育、科学、文学、艺术、卫生、体育等设施，进一步提升城镇综合承载能力。加强城市管理，充分运用科技手段管理城市，加速城市管理信息化，大力发展电子政务，推动数字化、网络化技术在城市工作中的广泛应用。实施需求引导型交通供给策略，全面实施公交优先，加强城市停车管理，综合治理"城市病"。加强城市地下管网布设和地下空间开发利用的统筹管理，加强城市供水、节水、排水、污水处理、污水再生利用设施建设和运营的统一管理和综合协调。完善户籍管理制度，有序引导人口、产业向中心城市、县城和中心乡镇集中，促进城镇化与新农村建设的良性互动。

（三）加快推进农村人口市民化

淮河生态经济带城镇化进程的重要任务就是推进数量庞大的农村人口市民化。加快产业结构调整和升级，提供高就业支撑能力。搭建农民工市民化综合服务平台，免费提供就业咨询、职业介绍、创业指导、项目推荐等服务。加强农业转移人口职业技能培训，落实政府补贴政策，鼓励农民工群体返乡创业兴业。拓宽住房保障渠道，深入实施保障性安居工程，加大保障性住房建设力度，增加中低价位、中小户型普通商品住房供给，建立健全满足多层次需求的住房供给体系。实施城镇学前教育扩容、义务教育学校标准化建设和普通高中改造工程，新建和扩建中小学校及幼儿园，增加城镇基础教育资源供给，保障农民工随迁子女平等享有受教育权利。推进医疗保障、医疗服务、公共卫生、药品供应、监管体制综合改革，将农民工及其随迁家属纳入社区医疗卫生服务体系，鼓励农业转移人口参加城镇职工基本医疗保险，允许灵活就业农民工参加当地城镇居民基本医疗保险。

（四）统筹城乡协调发展

统筹城乡基础设施、公共服务、劳动就业、社会管理等，积极推进农村综合改革，形成城乡互促共进机制。加强村庄规划，持续改善农村地区设施水平和人居环境，促进城乡经济社会发展差距的缩小。加快建立以城带乡、以工促农的长效机制，促进城乡一体化发展。加大对农村实用人才和农村创业人才的培养力度，扶持农民工创业，促进农村劳动力转移就业。推进沿淮地区的经济社会一体化建设，走小城镇和大中小城市共同协调发展的道路。

在城乡规划、产业布局、基础设施、公共服务、劳动就业与社会保障、社会管理6个方面实现一体化，切实推进流域内乡镇发展。建设一批抗灾能力强的小城镇，实现农村居民就近居住，推动农业规模化，推进农民转变为产业工人，推动农村剩余劳动力就地就近转移就业，逐步探索施行符合传统农业生产区以及淮河流域特色的新型小城镇化道路，以城镇化推进新农村建设。

七、充分利用文化旅游资源，打造淮河流域旅游品牌

淮河流域是中华文明的重要发祥地之一，曾孕育了光辉灿烂的古代文化，诞生了老子、孔子、墨子、孟子、庄子等众多思想家。流域内有许多著名的古代水利工程，例如，春秋战国时期的芍陂灌溉工程和邗沟、鸿沟人工运河，隋唐的汴渠，元明清三代修建的京杭大运河和洪泽湖大堤等，在我国水利发展史上都具有十分重要的地位。淮河流域历史文化底蕴深厚，风景名胜众多，旅游资源丰富，现有曲阜、亳州、扬州、淮安等10余座历史文化名城。淮河流域也是中国革命和建设的重要区域，拥有地域特色的红色文化。要充分开发和保护淮河生态经济带特色文化旅游资源，打造具有自身特色的旅游品牌，实现旅游文化产业高质量发展。

（一）大力提升淮河文化影响力

深入挖掘淮河流域传统历史文化元素和特色文化资源，丰富各类文化内涵，突出盘古文化、新石器文化、农耕文化、治水文化、道教文化、民间艺术等淮河文化的传承弘扬，以重点城市为依托打造地域特色文化圈，重点提升以桐柏县为源头的淮源文化，以信阳为中心的淮汉文化，以蚌埠、淮南为中心的大禹文化和淮南子文化，以淮安为中心的淮扬文化，以周口鹿邑为代表的老庄文化，以徐州为中心的楚汉文化，以亳州为中心的中医药文化，以扬州、淮安、宿迁、徐州、济宁为中心的大运河文化，以淮安周恩来故居、凤阳小岗村等为代表的红色文化，共同构建完备的淮河文化体系，努力提升淮河文化在全国的影响力。

（二）大力推动淮河文化产业发展

整合文化资源，完善产业链条，培育龙头企业和知名品牌，加快扩张规模和提升层次，形成以文化旅游、文化娱乐、出版印刷、艺术品、传媒广告、

文博会展和文化创意等行业为主导的文化产业体系，推动文化产业成为经济支柱性产业。积极发展特色文化产业，挖掘传统文化，融合现代元素，推进曲阜优秀传统文化传承发展示范区建设，推进徐州淮海文博园、亳州曹操文化园、蚌埠大明文化园、大禹文化产业园等重点文化产业园区建设，支持发展一批历史文化街区、特色文化村镇，建设形成一批国家级、省级文化产业示范园区。

（三）大力推进旅游资源开发与保护

依托淮河流域丰富的文化和生态资源，加快旅游资源整合和深度开发，完善旅游配套设施和旅游服务体系，打造"美丽淮河千里生态长廊"，形成独特的淮河流域旅游风光带。强化旅游宣传促销，建立统一完善的政府主导、政企联手、部门联合、上下联动的促销机制，强化形象广告的宣传，提高流域内城市旅游产品的知名度。通过在流域内不同地区牵头组织开展精品旅游活动，组合各个城市的重点重大文化旅游节庆品牌；加快建设一批淮河流域国际知名、全国著名的旅游城市；开发串联信阳鸡公山景区、南湾湖景区、灵山景区、固始西九华山景区，淮南八公山景区、茅仙洞景区、焦岗湖景区，蚌埠荆涂景区、龙子湖景区，阜阳八里河景区，盐城大纵湖景区、九龙口景区、金沙湖景区于一体的淮河风情游线路，形成集红色旅游、都市风光线、山水风光线、奇特景观线、度假休闲线、生态旅游线、商务旅游线等为一体的旅游线路。加强商丘、枣庄、济宁、宿州、徐州、淮北、淮安、扬州等城市的大运河遗产区、遗产点联动保护开发，支持徐州、济宁、淮安、扬州等市依托漕运历史地位，保护和开发生态文化资源，开发沿运河旅游线路，共同塑造大运河文化品牌。

八、坚持深化改革开放，为社会经济发展增强动力与活力

淮河生态经济带建设已经成为国家的重要战略，处于经济社会发展的前沿，要坚持以改革为动力，以开放激发活力，不断提升发展能力和水平。

（一）加大建设民生工程力度

淮河生态经济带要加强教育合作交流，共同建设区域人才高地。推进多种形式的教育合作，提高区域教育质量，推动蚌埠、淮安、徐州等地高等学

校开展联合办学、课程互选、教师互聘、学科共建等多种形式的交流与合作，加强高校与国内外知名院校交流合作，支持举办中外合作办学机构，支持组建高校联盟，实现区域高效协同发展。推动淮安等有条件的城市组建综合性大学，支持信阳创建农民大学成人教育培训学院。大力推进县域城乡义务教育一体化发展，提升农村义务教育水平，推动有条件的地区普及高中阶段教育。综合完善流域城乡公共就业服务体系，建设流域人力资源开发交流服务平台，促进流域内不同区域人才交流。坚持促进产业发展和扩大就业相结合，拓宽就业渠道，增加就业岗位，增加城乡居民收入。优化医疗卫生机构布局，促进医疗资源跨区域和向基层流动，加强基层医疗卫生服务体系建设，推动医疗卫生资源共享。推进市（县）级综合医院、康复医院等紧缺型专科医院建设，鼓励发展区域紧密型医疗联合体。积极引进国内优质医疗资源或大型医疗企业集团，支持徐州、信阳、淮安等城市大型综合性医疗卫生机构跨区域合作，推动优质医疗资源共享，鼓励医疗机构联合培养人才。建立传染病、地方病联防联控机制，持续深入推进淮河流域癌症综合防治工作，努力消除地方病危害，维护公众健康安全。加快推进区域全民健康信息平台建设，推动"互联网＋医疗"发展，促进健康医疗大数据应用发展。

（二）积极推进扩大对外开放合作

建设流域内合作的制度安排，深化"放管服"改革，改善政务服务质量，打造国际化、法治化营商环境，形成与国际惯例接轨的管理和服务体系，积极融入"一带一路"建设和长江经济带发展，加快形成全方位、多层次、宽领域的合作与开放格局。依托淮河黄金水道，推动沿淮主要港口直接出海，打破淮河不入海的历史，迎来淮河流域对外开放发展新机遇，激活区域内合作发展新动力，开拓资源、要素流通和承接产业转移新途径。重点支持淮安打造台资集聚高地，支持信阳建设台商产业园，支持苏滁现代产业园等跨区域合作共建园区建设，支持符合条件的省级开发区升级为国家级开发区。提升连云港徐圩、赣榆、灌河港区和盐城滨海、射阳、响水港区对外开放水平。支持信阳、驻马店、漯河、淮安、蚌埠、菏泽、临沂、阜阳等建设区域性物流中心。依托合肥、徐州、淮安、盐城、菏泽、临沂、阜阳等机场和淮安港、蚌埠港、淮南港、淮滨港、漯河港、周口港、固始港、霍邱港、菏泽港、凤阳港等内河港口，建设内河、空港物流园区。推进徐州国际邮件互换局和中国（漯河）食品博览会等建设。

（三）有序引导产业转移与承接

依据资源环境承载能力，严格产业准入门槛，科学有序承接符合环保标准和市场需求的国内外先进产业转移。推动建立省际产业转移统筹协调等机制，流域内5省共同编制实施淮河生态经济带产业转移指南和产业准入负面清单，加强与皖江城市带、江苏沿海城市带及中原经济区的交流与合作，严禁承接高耗能、高排放、高污染产业和落后产能，避免低水平重复建设。加强统筹规划，充分利用土地储备、沿海滩涂、原材料、农副产品、劳动力等资源条件，优化产业布局，完善产业配套条件，全方位、多层次承接长三角地区和国际产业转移。支持中心城市重点承接发展高端装备制造业、战略性新兴产业和现代服务业，推动流域各地区依托当地资源禀赋重点发展优势产业，形成集中布局、错位发展、良性竞争的格局。

九、加强生态环境保护，建设生态经济带

《淮河生态经济带发展规划》明确指出，建设淮河生态经济带要牢固树立和践行"绿水青山就是金山银山"的理念，尊重自然规律，坚持"节约优先、保护优先、自然恢复为主"的方针，着力解决突出环境问题，推动形成节约资源和保护环境的空间格局、产业结构、生产方式、生活方式，把淮河流域建设成为天蓝地绿水清、人与自然和谐共生的绿色发展带，为全国大河流域生态文明建设积累新经验、探索新路径。

（一）加强源头保护，提高水源涵养能力

大力实施桐柏山、大别山淮河干流源头和沙颍河、洪河等重要支流的生态建设和保护。按照"整体保护、点状开发"的原则，认真落实《全国主体功能区规划，规范区域经济开发活动。争取国家加大对淮河源头生态功能区的生态补偿转移支付力度，扩大补偿范围。实施《淮河源头生态功能区建设保护规划》，以提高水源涵养能力、防治水土流失、保护生物多样性为主要内容，大力实施淮河上中游水源地保护工程。推进信阳、桐柏水土保持重点工程建设。加快淮河上游水土流失治理步伐，加快生态修复，大力实施封山

育林、退耕还林，扩大各类自然保护区、森林公园、地质公园等受保护范围，提高管护水平。加大对生态移民的政策扶持力度，大力实施生态移民工程，减少对淮河源头水源涵养地的干扰和影响。保证水源地水量、水质持续稳定，为水资源开发利用提供根本保障。

（二）大力建设沿淮生态屏障

加强对沿淮生态建设的统筹规划，高标准建设生态项目，打造沿淮绿色生态廊道。以提高农业生态环境和生产条件为目标，大规模实施小流域系统综合治理，推进拦、引、排、集、蓄、灌等水利水保工作，实施流域生态系统保护与修复治理。在淮河流域水土流失和生态脆弱区，因地制宜，重点突破，开展各具特色的小流域水土保持生态建设，创建示范样板工程，推动淮河水土保持的全面开展。在淮河流域沿河湿地和海滨湿地，建设湿地保护区、海滨林场和海滨草原，形成独具特色的滩涂、海涂湿地风光和森林碳汇资源。大力实施淮河防护林三期工程。坚持统筹安排，以支流为主线，以县为单位，以小流域为单元，山水田林路统一规划，沟坡兼治，结合流域（区域）生产布局和产业结构调整，对位配置工程措施、植物措施、农耕措施，建立综合防护体系。

（三）加强节约集约，提升资源利用效率

实行最严格的水资源管理制度，建立水资源开发利用控制、用水效率控制、水功能区限制纳污红线指标体系，提高农业灌溉用水利用效率，大力开展工业节水，推进创建节水型城市。加大工业、建筑、交通、公共机构等领域节能力度，推进重点节能工程建设，全面完成国家明确的单位生产总值能耗下降、二氧化碳减排目标任务。深入推进资源整合，继续加大矿产资源勘查、开发和保护力度，大力开展资源综合利用。加快循环经济试点省建设，建设一批循环经济重点工程和示范城市、园区、企业，推动工农业复合型循环经济发展，大力推动工业、农业废弃物综合利用，推进可再生资源利用。

（四）严格强化环境保护力度

严格污染物总量控制，实现环境容量高效利用，努力保障发展需求。加大淮河流域库区、干支流、湖泊等重点区域水污染防治力度，支持南水北调东线和中线工程环境保护能力建设，建立健全跨流域、跨区域的污染联防联

控、跨界防治机制。推进污水和垃圾处理、重点工业污染源治理、淮河流域污染整治等项目建设，加强土壤环境保护、重金属污染治理、农村环境综合整治和危险废物管理，实施多种污染物协同控制，完成国家明确的主要污染物减排任务。统筹考虑流域整体发展与塌陷区防灾、塌陷区地上与地下、淮河干流与支流、采矿业与农业关系，组织实施采煤塌陷区综合整治与利用。支持开展环境容量研究及应用试点，优化环境容量资源配置。加快全流域市区、县城垃圾污水处理设施建设，加快推进重点城镇污水垃圾处理设施建设，提升城乡生活污水和垃圾处理能力和水平。加大工业点源治污设施配套建设，加强环境执法管理，确保流域内工业点源持续稳定达标排放。加快淘汰落后产能，大力消减工业污染负荷。积极推进排污权交易，按照"上大压小、等量置换"的原则，严把新上工业项目关口，确保流域增产不增污、增产减污。

（五）大力推进农业污染治理

加强点源污染治理与监管，重视农业面源污染控制。以巩固治理成效、防止污染反弹为目标，加快污水处理厂及配套管网的建设与升级改造；重点治理与监管农副产品加工、化工、造纸、皮革、制药等工业污染源；巩固淮河干流水质，深化支流水质治理。加强农业面源污染治理综合控制措施，根据各地区面源污染特征，以源头控制为重点，迁移途径控制与末端治理为辅助，灵活进行各类工程与非工程农业面源污染控制措施的组合，有效地减少或预防淮河流域农业面源污染。大力实施农村环境连片整治，加强秸秆、农膜、农产品加工剩余物等农业废弃物综合利用，推进种养结合和废弃物无害化处理、资源化利用，构建废弃物收集、转化、应用全链条污染防治与资源化利用体系。

（六）着力加强重金属污染治理

根据区域资源禀赋、环境容量、生态状况以及发展规划，布局流域内的重金属产业，明确不同区域的功能定位和发展方向，非重点区域要进一步加强控制，不再规划涉及重金属污染物排放的项目。对重金属排放企业依法实施清洁生产审核，加强污染过程控制，督促企业不断提升清洁生产水平。大力开展重金属污染治理与修复示范工程，在部分重点防控区域组织实施受污染土壤、场地、河流底泥等污染治理与修复试点工程，对重要粮食生产区域周边的工矿企业实施重金属排放总量控制，对达不到环保要求的企业要限期升级改造或依法关闭、搬迁。

（七）积极推进流域生态安全体系建设

严格落实《全国主体功能区规划》和《全国国土规划纲要（2016—2030年）》要求，明确各地区环境容量和执行标准，强化日常监测监管。严格落实生态环境损害责任追究问责制度，不符合要求占用的岸线、河段、土地和布局的产业，必须无条件退出。创新跨区域生态保护与环境治理，完善环境污染联防联控机制和预警应急体系，推行环境信息共享，建立健全跨部门、跨区域突发环境事件应急响应机制，建立环保信用评价、信息强制性披露、严惩重罚等制度和环评会商、联合执法、预警应急的区域联动机制，实现统一规划、统一标准、统一环评、统一监测、统一执法。加强上下游间协同配合，协调推进上中下游水资源保护与水污染防治工作。探索建立淮河流域市场化、多元化生态补偿机制，积极推进水权、排污权、碳排放权、排污权交易。

参考文献

［1］张学军，何夕龙．淮河流域综合规划（2012—2030 年）［C］//．中国水利水电勘测设计协会．水利水电工程勘测设计新技术应用．北京：中国水利水电出版社，2018：34-41．

［2］王先达．淮河流域综合规划（2012～2030年）概要及实施情况［J］．治淮，2018（9）：4-6．

［3］蔡安宁．淮河生态经济带建设构想［J］．江苏师范大学学报（自然科学版），2015，33（3）：8-13．

［4］刘玉年．科学谋划　绘就流域水利发展新蓝图——《淮河流域综合规划》解读［J］．中国水利，2013（13）：36-38．

［5］刘玉年．新时期治淮发展战略与“十三五”规划安排意见［J］．治淮，2016（2）：10-13．

［6］刘虎沉，刘然．提高内河运输能力的研究——以淮河为例［J］．物流科技，2016，39（1）：95-98．

［7］水利部淮河水利委员会．2019 年度淮河流域及山东半岛水资源公报（选载）［J］．治淮汇刊（年鉴），2020：360-367．

［8］水利部淮河水利委员会．2018 年淮河片水资源公报（选载）［J］．治淮汇刊（年鉴），2019：191-204．

［9］中华人民共和国国家发展和改革委员会．国家发展改革委关于印发《淮河生态经济带发展规划》的通知［EB/OL］．（2018-11-02）［2019-02-01］．http：//www.ndrc．

［10］万玉龙，侯林，洪琼，袁睿．淮安高质量推进淮河生态经济带建设策略研究［J］．营销界，2020（20）：126-128．

［11］李璐，季建华．都市圈空间界定方法研究［J］．统计与决策，2007（2）：109-111．

［12］吴春梅．推进淮河生态经济带建设的思考［N］．安徽日报，2020-11-17（6）．

［13］孙久文，易淑昶．推动淮河生态经济带高质量发展的途径研究［J］．财贸研究，2020，31（3）：43-48．

［14］孙雯芊．蚌埠提升淮河生态经济带安徽中心城市路径研究［J］．淮南师范学院学报，2019，21（4）：39-46．

［15］尹建设．淮河生态经济带绿色发展对策研究［J］．安徽广播电视大学学报，2019（1）：24-26．

［16］祝丹丹．信阳市推进淮河生态经济带上升为国家战略的探究［J］．中国市场，2020（31）：32-34．

［17］索罗丹，李凡，朱晓东．淮河生态经济带产业承接能力和承接方向分析［J］．生态经济，2021，37（1）：64-69，110．

［18］朱锡悦，汪瑞英，徐晓丽．安徽省淮河流域生态经济带发展研究［J］．蚌埠学院学报，2020，9（6）：112-118．

［19］姜妮．淮安：打造淮河生态经济带引领城市［J］．环境经济，2019（19）：50-53．

［20］史修松．探索建立淮河生态经济带协调发展新机制［J］．群众，2019（2）：33-34．

［21］扈茗，欧阳鹏，谢宇，龙茂乾，陈蕾．区域中心城市发展规律与建设路径研究——以蚌埠市为例［C］//.中国城市规划学会．活力城乡 美好人居——2019中国城市规划年会论文集．北京：中国建筑工业出版社，2019：631-642

［22］神红玉．基于区域创新能力提升的政行企校协同创新模式研究——以苏北重要中心城市淮安为例［J］．东西南北，2019（11）：128-129．

［23］陈常林．蚌埠市建设淮河流域和皖北地区制造业中心城市基础和对策研究［J］．蚌埠党校，2019（2）：17-22．

［24］马同金，杨大志，吴昊，张爱松．深入推进区域港口中心城市建设的

思考［J］.交通企业管理，2019，34（2）：11-13.

［25］周全，陈敏.打造皖北中心城市，重返全省第一方阵——蚌埠城市公交线网的创新与优化［J］.农村经济与科技，2019，30（2）：225-226.

［26］冯斌，曹玉华，石梦琦，钟晓，冯冰清，陈媛媛，毛广雄.淮安建设"三中心一极一带"的战略与对策［J］.淮阴师范学院学报（自然科学版），2018，17（4）：330-335.

［27］陈彩虹.淮安中心城市绿色出行研究［J］.环境与可持续发展，2018，43（3）：103-107.

［28］马同金.推进蚌埠市"淮河生态经济带中心城市"建设之思考［J］.交通企业管理，2018，33（3）：14-15.

［29］陈洪全.盐城对接扬子江、融入长三角特色发展研究［J］.盐城师范学院学报（人文社会科学版），2017，37（6）：1-3.

［30］张茜.信阳市融入"一带一路"路径与方法问题的研究［J］.太原城市职业技术学院学报，2017（8）：9-11.

［31］杜国庆.蚌埠市建设皖北中心城市战略研究［J］.现代商贸工业，2017（3）：27-28.

［32］唐平.信阳市城市发展战略研究［D］.天津：天津大学，2017.

［33］张娜，费瑞波.蚌埠市皖北中心城市功能提升与优化研究［J］.蚌埠学院学报，2016，5（4）：182-187.

［34］李德想，潘晓东.以核心城市为依托的安徽省域空间重构模式研究［J］.改革与开放，2015（14）：91-92.

［35］顾为东，张萍.淮河生态经济带发展规划研究［J］.江苏大学学报（社会科学版），2016，18（1）：19-23.

图书在版编目（CIP）数据

淮河生态经济带总体构想研究 / 熊文等编著.
—武汉 ： 长江出版社，2022.5
（淮河生态经济带发展研究丛书）
ISBN 978-7-5492-8321-7

Ⅰ．①淮… Ⅱ．①熊… Ⅲ．①淮河－流域－生态经济－
区域经济发展－经济发展战略－研究 Ⅳ．① F127

中国版本图书馆 CIP 数据核字 (2022) 第 080228 号

淮河生态经济带总体构想研究

HUAIHESHENGTAIJINGJIDAIZONGTIGOUXIANGYANJIU

熊文等 编著

出版策划： 赵冕 张琼
责任编辑： 商厚荣
装帧设计： 汪雪
出版发行： 长江出版社
地 址： 武汉市江岸区解放大道1863号
邮 编： 430010
网 址： http://www.cjpress.com.cn
电 话： 027-82926557（总编室）
027-82926806（市场营销部）
经 销： 各地新华书店
印 刷： 武汉新鸿业印务有限公司
规 格： 787mm×1092mm
开 本： 16
印 张： 11.25
彩 页： 4
字 数： 240 千字
版 次： 2022 年 5 月第 1 版
印 次： 2023 年 8 月第 1 次
书 号： ISBN 978-7-5492-8321-7
定 价： 86.00 元

（版权所有 翻版必究 印装有误 负责调换）